张　伟　胡　骏◎主编
路　江　李开明◎主审

公路工程
安全施工组织设计

内 容 提 要

本书由武汉江夏路桥工程总公司组织常年在生产施工第一线的工程技术管理人员编写，全书共分为八章。

书中除简要介绍了一些安全管理的基本理论外，着重介绍了公路工程施工安全生产管理体系的组成；施工项目部安全施工的管理制度和管理办法；各类施工管理人员的安全管理职责。本书在对公路工程施工危险源分析的基础上，提出一些降低施工风险的对策，根据公路施工常发生的安全事故类型，介绍了相应的专项施工方案的制订方法和事故处理应急预案的制订内容。

本书是一本针对性较强的专业书籍，它对从事公路工程项目施工的各类管理人员和工程技术人员具有一定的指导作用。本书也可以作为大专院校土木工程类专业的教学参考书。

图书在版编目(CIP)数据

公路工程安全施工组织设计/张伟，胡骏主编. —北京：人民交通出版社，2012.12

ISBN 978-7-114-10171-7

Ⅰ. ①公… Ⅱ. ①张… ②胡… Ⅲ. ①道路施工—安全管理 Ⅳ. ①U415.12

中国版本图书馆 CIP 数据核字(2012)第 255547 号

书　　名： 公路工程安全施工组织设计
著 作 者： 张　伟　胡　骏
责任编辑： 赵瑞琴
出版发行： 人民交通出版社
地　　址： (100011)北京市朝阳区安定门外外馆斜街 3 号
网　　址： http://www.ccpress.com.cn
销售电话： (010)59757973
总 经 销： 人民交通出版社发行部
经　　销： 各地新华书店
印　　刷： 北京市密东印刷有限公司
开　　本： 880×1230　1/16
印　　张： 9.5
字　　数： 252 千
版　　次： 2012 年 12 月　第 1 版
印　　次： 2012 年 12 月　第 1 次印刷
书　　号： ISBN 978-7-114-10171-7
定　　价： 38.00 元

编审委员会

总 顾 问: 文丕珍(华中科技大学土木学院)

主　　编: 张　伟　胡　骏

主　　审: 路　江　李开明

编写人员: 张柳珍　周晓华　张　俊　石　峰

肖利敏　李泽清　程永强　蔡明星

前　　言

随着公路工程施工技术的飞速发展,各种新材料、新工艺、新技术、新设备不断涌现和采用,使得公路工程施工的复杂性加大,安全事故的诱发原因增多,对工程施工管理提出了越来越高的要求。借此,江夏路桥工程总公司组织生产施工第一线的工程技术管理人员编写了《公路工程安全施工组织设计》,其主要目的是想通过此书,帮助各类施工管理人员提高安全管理水平,减少安全事故发生。全书共分为八章,除简要介绍了一些安全管理的基本理论外,着重介绍了公路工程施工安全生产管理体系的组成;施工项目部安全施工的管理制度和管理办法;各类施工管理人员的安全管理职责。本书在对公路工程施工危险源分析的基础上,提出一些降低施工风险的对策,根据公路施工常发生的安全事故类型,介绍了相应的专项施工方案的制订方法和事故处理应急预案的制订内容。

本书是一本针对性较强的专业书籍,它对从事公路工程项目施工的各类管理人员和工程技术人员具有一定的指导作用。本书也可以作为大专院校土木工程类专业的教学参考书。

本书的第一章至第四章由张伟、张柳珍、周晓华、张 俊、熊加勇编写;第五章至第八章由胡骏、肖利敏、李泽清、程永强、蔡明星编写。

由于我们的水平和能力有限,加之编写时间仓促,书中难免疏漏、谬误,敬请各位专家、同仁斧正,我们将不胜感激。本书在编写和审查过程中,得到了华中科技大学土木学院文丕珍教授的全力帮助和支持,在此特表示衷心感谢。

编者

2012 年 11 月

目　　录

第一章　总论 …… 1
第一节　公路施工安全管理概述 …… 1
第二节　工程项目安全概况说明 …… 6
第三节　国家关于安全事故等级的划分 …… 7
第二章　安全管理的基本理论 …… 11
第一节　安全事故致因分析理论 …… 11
第二节　风险控制理论 …… 13
第三节　风险管理理论 …… 15
第三章　安全生产管理基本制度 …… 18
第一节　安全施工法律、法规及相关机制 …… 18
第二节　现行安全生产责任制体系 …… 23
第三节　现行安全生产基本保障规定 …… 26
第四章　施工项目部安全管理体系和安全生产职责 …… 29
第一节　项目部安全组织机构 …… 29
第二节　项目部领导层安全管理工作职责 …… 31
第三节　项目部各部门安全工作职责 …… 34
第四节　项目部各级管理人员安全工作职责 …… 36
第五节　操作手、生产工人安全责任 …… 37
第五章　施工项目部安全管理制度 …… 39
第一节　安全会议制度 …… 39
第二节　安全教育培训制度 …… 40
第三节　安全生产检查制度 …… 43
第四节　安全施工奖惩制度 …… 45
第五节　安全隐患排查和处理制度 …… 46
第六节　安全管理台账制度 …… 47
第七节　安全技术交底制度 …… 50
第八节　安全资金保障制度 …… 50
第九节　安全事故报告与处理规定 …… 52
第十节　施工机械设备安全管理规定 …… 54
第十一节　危险物品使用管理规定 …… 57
第十二节　消防安全管理制度 …… 58
第十三节　车辆安全管理制度 …… 60
第十四节　劳动防护用品管理制度 …… 61
第十五节　施工现场安全管理制度 …… 61

第六章　安全施工专项方案 …… 64
第一节　安全专项方案的一般规定 …… 64
第二节　安全专项方案的内容组成 …… 65
第三节　安全专项方案示例 …… 66
第七章　安全事件应急预案 …… 85
第一节　应急预案的编制程序 …… 85
第二节　综合性应急预案的内容组成 …… 87
第三节　专项应急预案的内容组成 …… 89
第四节　现场处置方案的主要内容 …… 91
第五节　项目建设主体单位应急预案工作职责 …… 92
第六节　应急预案培训与演习 …… 93
第七节　工程安全隐患和安全事故处理 …… 95
第八节　项目部应急救援组织机构 …… 96
第九节　应急预案示例 …… 98
第八章　施工安全技术交底内容 …… 116
第一节　路基工程安全技术交底 …… 116
第二节　沥青路面施工安全技术交底 …… 118
第三节　水泥稳定土、水泥混凝土路面施工安全技术交底 …… 120
第四节　桥梁工程安全技术交底 …… 122
第五节　隧道施工安全技术交底 …… 133

第一章　总　　论

安全责任,重于泰山。工程建设实行人性化管理,安全施工是重中之重。

施工单位在进场施工之初,第一项重要工作,就是有针对性的根据本工程特点,编制工程项目的“安全施工组织设计”,报监理审批,经监理批准后遵照执行。编制“安全施工组织设计”的目的是为了保证项目工程施工安全,使施工项目的安全管理有章可循、有法可依。项目“安全施工组织设计”的主要内容包括:项目施工安全管理体系;项目管理人员安全职责;安全管理制度;实施性安全管理措施;安全专项方案;分项分部工程安全技术交底内容;事故抢险应急预案等。

第一节　公路施工安全管理概述

一、安全生产发展背景

安全生产关系人民群众生命财产安全,关系改革发展和社会稳定大局。进一步完善和落实安全生产的各项政策措施,努力提高安全生产水平,高度重视和切实抓好安全生产工作,是贯彻落实科学发展观的必然要求,是实现好、维护好、发展好最广大人民根本利益的必然要求,也是构建社会主义和谐社会的必然要求。《中共中央关于制定国民经济和社会发展第十二个五年规划的建议》中明确指出,必须加快转型经济增长方式,积极推进经济结构的战略调整,实现节约发展、清洁发展、安全发展和可持续发展。将安全发展与节约发展、清洁发展和可持续发展紧密联系在一起,共同构成科学发展观的重要内容。

我国目前正处在社会经济持续快速发展和结构转型的重要历史时期,建筑业的发展规模逐年增长,已经成为继工业、农业、贸易之后的第四位支柱产业。安全发展是社会文明与社会进步程度的重要标志,是改革开放的成果惠及老百姓的具体体现。社会文明与社会进步程度越高,人民对生活质量和生命与健康保障的要求越为强烈。满足人们不断增长的物质与文化生活水平的要求,必须坚持发展是第一要务,但发展必须安全。如果单纯为了发展而不能有效保证人民群众的生命财产安全与职业健康,就会严重影响构建社会主义和谐社会的进程,安全发展就是要坚持以人为本,在劳动者生命权利和职业健康最大限度地得到保障的前提下,实现经济持续、快速协调稳定发展,建立和完善安定团结、和谐进步的社会制度和社会秩序。近年来,国家陆续颁布实施了《中华人民共和国建筑法》(以下简称《建筑法》)、《中华人民共和国安全生产法》(以下简称《安全生产法》)、《中华人民共和国公路法》(以下简称《公路法》)、《建设工程质量管理条例》、《建设工程安全生产管理条例》、《生产安全事故报告和调查处理条例》等法律与法规,加强了建设工程质量、安全法规和技术标准体系建设,在实践中发挥了很好的作用。

二、公路工程安全管理的特点

(一)公路工程施工安全生产的特点

1. 产品生产的单件性

公路工程产品一般为建筑结构复杂、投资金额巨大、无固定场所的一次性产品,或称单件性产品。

它具有投资金额巨大、生产周期长、专业种类繁多、涉及面广的特点。在产品形成过程中，要根据其构成特点、技术标准、使用功能、合同约定的质量要求、工期和资金条件等，进行施工生产和系统管理。由于产品生产的单件性且生产管理的复杂性，无成批生产经验可以类比，因而容易出现施工安全事故。

2. 作业条件的恶劣性

与其他建筑工程相比，公路工程的施工现场远离城镇，地处高山河谷或海峡孤岛，受地形、地质、气候影响较大，环境复杂，安全隐患多，风雪雷电、洪水风暴、冰冻严寒等等，这些作业条件恶劣性，都是诱发工程安全事故的因素，安全监管的涉及面广、难度大。

3. 结构庞大，高空、地下、水下作业的多样性

公路工程的结构十分庞大，操作工人有时在几十米，甚至几百米的高空进行施工作业，容易产生高处坠落伤亡事故。随着公路建设的持续发展和技术的不断进步，山岭隧道、水底隧道建设逐渐增多，地下、水下作业也相应增多，容易产生坍塌、中毒等伤亡事故。

4. 施工队伍流动性大，素质参差不齐造成实施安全管理的困难性

近年来，由于工程建设发展迅速，大量缺乏有技术基础并能熟练操作的工人，大批文化水平较低、安全意识和自我保护能力较弱的农民当了建筑工人，导致施工队伍整体素质参差不齐，而且由于队伍流动性大，多数务工人员对如何按安全操作规程进行施工作业不太了解或不能掌握。同时，由于公路工程产品的单件性，当这一产品完成后，施工单位就必须转移到新的施工地点去，施工人员流动性大，更加给施工安全管理带来难度，要求安全管理工作必须做到及时、到位。

5. 手工操作多，体力消耗大，强度高，造成劳动保护的艰巨性

在恶劣的作业环境下，施工人员的手工操作多，体能耗费大，劳动时间和劳动强度都比其他行业要大，其职业危害严重，带来了个人劳动保护的艰巨性。

6. 产品品种多样性、施工工艺多变性，导致施工安全管理的复杂性

由于公路工程产品品种的多样性，施工生产工艺的复杂多变性，如一座桥梁工程，从基础施工、下部结构施工、上部结构施工至竣工验收，各道施工工序均有其不同的特性，其不安全的因素各不相同。同时，随着工程建设的进展，施工现场的不安全因素也在随时变化，要求施工单位必须针对工程进度和施工现场实际情况，不断及时地采取安全技术措施和安全管理措施。

7. 施工场地窄小带来多工种作业的立体交叉性

近年来，公路工程由低向高发展，由地上向地下、水下发展，由内河、近岸向近海及深海发展，施工现场却由宽向窄发展，地形条件由优越向高山、大河发展，致使施工场地与施工条件要求的矛盾日益突出，多工种立体交叉作业增加，导致机械伤害、物体打击事故增多。

公路工程施工安全生产的上述特点，决定了施工生产的安全隐患多存在于高处作业、地下作业、水下作业、交叉作业、垂直运输、使用电气机具作业等环节，伤亡事故也多发生在高处坠落、物体打击、机械伤害、起重伤害、触电、坍塌掩埋、爆炸、中毒、失火、交通事故等方面。同时，新、奇、个性化的建筑产品的出现，给公路工程施工带来了新的挑战，也给公路工程安全管理和安全防护技术提出了新的要求。

(二)公路工程安全事故的特点

1. 严重性

公路工程发生安全事故，其影响往往较大，会直接导致人员伤亡或财产损失，给广大人民群众带来重大灾难。重大安全事故甚至会导致群死群伤或巨大财产损失。

2. 复杂性

工程施工建设的特点，决定了影响公路工程安全生产的因素很多，造成工程安全事故的原因错综复杂。即使同一类安全事故，其发生原因也可能有多种。

3. 可变性

许多公路工程施工中出现的安全事故隐患并非是静止的，而是有可能随着时间的推移和各种外因条件的变化而发展、恶化。若不及时处理，往往可能发展成为较大或重大安全事故。

4. 多发性

由于公路工程结构复杂，分部分项工程种类繁多，工序交叉，施工安全事故往往在工程每个分部、分项及每道工序都可能发生，在施工全过程的每时每刻都可能发生，例如，物体打击事故、触电事故、高处坠落事故、坍塌事故、起重机械事故、中毒事故等的发生是不分时间地点的，从工程开工到完工，全过程都有可能发生。

三、公路工程安全生产与管理

(一)安全管理指导思想

(1)公路工程安全生产是指在工程建设施工生产过程中，要努力改善劳动条件，克服不安全因素，防止伤亡事故的发生，使劳动生产在保证劳动者安全、健康和国家财产及人民生命财产安全的前提下顺利进行。

(2)公路工程安全生产管理是指公路工程生产、管理单位按照有关安全法律、法规为预防公路工程施工中发生安全事故而建立的安全管理系统，包括计划、组织、协调和控制等系列活动。这种管理活动按照《安全生产法》的调整对象划分为生产经营单位自身的管理活动、行为，以及政府主管部门的管理活动。

(二)安全生产方针

我国安全生产方针经历了一个从“安全生产”到“安全第一、预防为主”、进一步发展到“安全第一、预防为主、综合治理”的产生和发展完善过程。现代安全管理方针强调的是：在生产中要做好预警预防工作，尽可能将事故消灭在萌芽状态。

(1)“安全第一”是原则和目标。是从保护和发展生产力的角度，确立了生产与安全的关系，肯定了安全在公路工程生产活动中的重要地位。安全第一，就是在生产过程中把安全放在第一重要的位置上，切实保护劳动者的生命安全和身体健康。在新的历史条件下坚持安全第一，是贯彻落实以人为本的科学发展观、构建社会主义和谐社会的必然要求。以人为本，就必须珍爱人的生命；科学发展，就必须安全发展；构建和谐社会，就必须构建安全社会。坚持安全第一的方针，对于捍卫人的生命尊严，构建安全社会，促进社会和谐，实现安全发展具有十分重要的意义。因此，在安全生产工作中贯彻落实科学发展观，就必须始终坚持安全第一。“安全第一”的方针，就是要求所有参与工程建设的人员，包括管理者和操作人员以及对工程建设活动进行监督管理的人员都必须树立安全的观念，不能一味追求经济利益而牺牲安全。当安全与生产发生矛盾时，必须先解决安全问题，在保证安全的前提下从事生产活动，也只有这样才能使生产正常进行，促进经济发展，保持社会稳定。

(2)“预防为主”是手段和基本途径。预防为主，就是要把安全生产工作的关口前移，超前防范，建立预教、预测、预想、预报、预警、预防的递进式、立体化事故隐患预防体系，改善安全状况，预防安全事故。在新时期，预防为主的方针又有了新的内涵，即通过建设安全文化，健全安全法制，提高安全科技水平，落实安全责任，加大安全投入，构筑坚固的安全防线。具体地说，就是要促进安全文化建设与社会文化建设的互动，为预防安全事故打造良好的意识；建立健全有关的法律法规和规章制度，如《安全生产法》，安全生产许可制度，“三同时”制度，隐患排查、治理和报告制度等，依靠法制的力量促进安全事故防范；大力实施“科技兴安”战略，把安全生产状况的根本好转建立在依靠科技进步和提高劳动者素质的基础上；强化安全生产责任制和问责制，创新安全生产监管体制，健全和完善中央、地方、企业共同投入机制，加大安全生产投入力度，增强基础设施的安全保障能力。在工程建设活动中，根据工程建设的特点，对不同的生产要素采取相应的管理措施，有效地控制不安全因素的发展和扩大，把可能发生的事故消灭在萌芽状态,以保证生产活动中人的安全与健康。

(3)“综合治理”是落实安全生产方针的理论性基础。综合治理充分体现了我国安全生产方针的科学性;综合治理,就是要自觉遵循安全生产规律,正视安全生产工作的长期性、艰巨性和复杂性,抓住安全生产工作中的主要矛盾和关键环节,综合运用经济、法律、行政等手段,人管、法治、技防多管齐下,并充分发挥社会、职工、舆论的监督作用,有效解决安全生产领域的问题。实施综合治理,是由我国安全生产的新情况和新形势决定的。在市场经济条件下,利益主体多元化,不同利益主体对待安全生产的态度和行为差异很大,需要因地制宜、综合防范;安全生产涉及的领域广泛,每个领域的安全生产又各具特点,需要防治手段的多样化;实现安全生产,必须从文化、法制、科技、责任和投入着手,多管齐下,综合施治;安全生产法律政策的落实,需要各级党委和政府的领导、有关部门的合作以及全社会的参与。目前我国的安全生产既存在历史遗留的沉重包袱,又面临经济结构调整、增长方式转变带来的挑战,要从根本上解决安全生产问题,就必须实施综合治理。综合治理是落实安全生产方针政策、法律法规的最有效手段。因此,综合治理具有鲜明的时代特征和很强的针对性,体现了安全生产方针的新发展。综合治理是安全生产方针的基石,是安全生产的重心所在。

“安全第一、预防为主、综合治理”的安全生产方针是一个有机统一的整体。安全第一是预防为主、综合治理的统帅和灵魂,没有安全第一的思想,预防为主就失去了思想支撑,综合治理就失去了整治依据。预防为主是实现安全第一的根本途径。只有把安全生产的重点放在建立事故隐患预防体系上,超前防范,才能有效减少事故损失,实现安全第一。综合治理是落实安全第一、预防为主的手段和方法。只有不断健全和完善综合治理工作机制,才能有效贯彻安全生产方针,真正把安全第一、预防为主落到实处,不断开创安全生产工作的新局面。

安全与生产的关系是辩证统一的关系,是一个整体。生产必须安全,安全促进生产,不能将二者对立起来。在施工过程中,必须尽一切可能为作业人员创造安全的生产环境和条件,积极消除生产中的不安全因素,防止伤亡事故的发生,使作业人员在安全的条件下进行生产;其次,安全工作必须紧紧围绕着生产活动进行,不仅要保障作业人员的生命安全,还要促进生产的发展。离开生产,安全工作就毫无实际意义。

安全生产是一项复杂的系统工程,是生产力发展水平和社会公共管理水平的综合反映。造成目前重点行业领域重特大事故多发、安全生产形势依然严峻的原因是多方面的,有浅层次因素,也有深层次矛盾,有历史遗留问题,也有新形势下出现的新问题。必须坚持标本兼治,在采取断然措施遏制重特大事故的同时,探寻和采取治本之策,综合运用法律手段、经济手段和必要的行政手段,从发展规划、行业管理、安全投入、科技进步、经济政策、教育培训、安全立法、激励约束、企业管理、监管体制、社会监督以及追究事故责任、查处违法违纪等方面着手,抓紧解决影响制约安全生产的历史性、深层次问题,建立安全生产长效机制。

(三)安全生产管理的原则

安全生产绝非一个单位、一个部门,或一个工序、一个环节的安全管理可以实现的,安全生产管理是一个从项目可行性研究到缺陷责任期的全过程,由全体相关人员共同参与的管理系统工程,必须遵循以下原则。

1.管生产必须管安全的原则

安全寓于生产之中,并对生产发挥促进与保证作用。公路工程项目各级领导和全体员工在生产过程中必须坚持在抓生产的同时抓好安全工作。它体现了安全和生产的统一,生产和安全是一个有机的整体,两者不能分割,更不能对立,应将安全寓于生产之中。

管生产同时管安全。国务院《关于加强企业生产中安全工作的几项规定》中明确指出:“各级领导人员在管理生产的同时,必须负责管理安全工作”,“企业中有关专职机构,都应该在各自业务范围内,对实现安全生产的要求负责”。不仅是对各级领导人员明确安全管理责任,同时,也向一切与生产有关的机构、人员明确了业务范围的安全管理责任。可见，一切有关的机构、人员，都必须参与安全管理并在管理中承担责任。安全生产人人有责，认为安全管理只是安全部门的事，是一种片面、错误的认识。

各级人员安全生产责任制度的建立和健全，管理责任的认真落实，是贯彻"管生产必须管安全"的原则的具体体现。

2.安全生产动态管理的原则

安全生产管理必须坚持全员、全过程、全方位、全天候的动态管理原则。安全管理不是少数人和安全机构的事，而是一切与生产有关的人共同的事。缺乏全员的参与，安全管理不会有生气，不会出好的管理效果。当然，这并非否定安全管理第一责任人和安全机构的作用。生产组织者在安全管理中的作用固然重要，全员性参与管理也十分重要。

安全管理涉及生产活动的方方面面，涉及从开工到竣工交付的全部生产过程，涉及全部的生产时间，涉及一切变化着的生产因素。

既然安全管理是在变化着的生产活动中的管理，是一种动态管理，这就意味着必须坚持持续改进的原则，以适应变化的生产活动，及时发现并消除新的危险因素。更重要的是不间断地摸索新规律，注意总结管理、控制的办法与经验，不断改进、完善、提高安全管理工作的水平和质量。

3.安全一票否决的原则

"安全一票否决的原则"是指安全生产工作是衡量公路工程项目管理的一项基本内容，它要求在对项目各项指标考核、评优创先时，首先必须考虑安全指标的完成情况。如果安全指标没有实现，其他指标虽已顺利完成，也不能认为该项目实现了最优化目标，安全具有一票否决的作用。

4.事故处理"四不放过"原则

国家有关法律法规明确要求，在处理事故时必须坚持和实施"四不放过"原则，即必须坚持事故原因没查清不放过；事故责任者和群众没有受到教育不放过；没有采取切实可行的改进防范措施不放过；事故责任者没有受到严肃处理不放过。

"四不放过"原则的第一层含义是要求在调查处理事故时，首先要把事故原因分析清楚，找出导致事故发生的主要原因，不能敷衍了事，不能在尚未找到事故主要原因时就轻易下结论，也不能把次要原因说成主要原因，未找到主要原因决不轻易放过，直至找到事故发生的主要原因，并搞清各因素之间的因果关系才算达到事故原因分析的目的。

"四不放过"原则的第二层含义是要求在调查处理事故时，不能认为原因分析清楚、有关人员已处理就算完成任务，还必须使事故责任者和广大群众了解事故发生的原因及所造成的危害，并深刻认识到做好安全生产的重要性，使大家从事故中吸取教训，在今后工作中更加重视安全工作。

"四不放过"原则的第三层含义是必须针对事故发生的原因，提出防止相同或类似事故发生的切实可行的预防措施，并督促事故发生单位加以实施。只有这样，才算达到了事故调查和处理的最终目的。

"四不放过"原则的第四层含义也是安全事故责任追究制的具体体现，对事故责任者要严格按照安全事故责任追究有关规定和有关法律、法规的规定进行严肃处理。

5.安全工作的"五同时"原则

安全工作的"五同时"原则是指企业的生产组织领导者必须在计划、布置、检查、总结、评比生产工作的同时进行计划、布置、检查、总结、评比安全工作的原则。它要求把安全工作落实到每一个生产组织管理环节中去。这是解决生产管理中安全与生产统一的一项重要原则。

6.同步协调发展原则

"同步协调发展原则"是指安全生产与经济建设、企业深化改革、技术改造同步规划、同步发展、同步实施的原则。这就要求把安全生产内容融入生产经营活动各个方面中，以保证安全生产一体化，解决安全、生产两张皮的弊病。要避免只抓生产业绩不重视安全的局面，而应把经济效益与安全效益统一起来。

（四）安全生产五种关系

1. 安全与危险并存

安全与危险在同一事物的运动中是相互对立、相互依赖而存在的。因为有危险，才要进行安全管理，以防止危险。安全与危险并非是等量并存、平静相处的。随着事物的运动变化，安全与危险每时每刻都在变化着，进行着此消彼长的斗争。可见，在事物的运动中，都不会存在绝对的安全和危险。

危险因素客观存在于事物运动之中，当然是可知的，也应是可控的。保持生产的安全状态，必须采取多种措施，积极预防、有效控制和消除各种危险因素。

2. 安全与生产统一

生产是人类社会存在和发展的基础。如果生产中人、物、环境都处于危险状态，则生产将无法顺利进行，因此安全是生产的客观要求。换言之，当生产完全停止，则安全也就失去意义。就生产的目的性来说，组织好安全生产就是对国家、人民和社会最大的负责和贡献。

生产有了安全保障，才能持续、稳定发展。如果生产活动中事故层出不穷，则生产势必陷于混乱，甚至处于瘫痪状态。当生产与安全发生矛盾，危及职工生命或国家财产时，生产活动必须进行整顿，待消除危险因素以后，生产形势才会变得更好。

3. 安全与质量同步

安全是质量的基础，只有在良好的安全措施保证之下，施工人员才能较好地发挥技术水平，保证工程施工的质量。同样，工程施工质量越好，其产生的安全效应就越高；可以说质量是"本"，安全是"标"，两者密不可分。只有标本兼治，才能使工程项目达到设计标准要求。可见，安全与质量是同步的。

从广义上看，质量包含安全工作质量，安全概念也包含着质量，相互作用，互为因果。安全第一、质量第一这两种说法并不矛盾。安全第一是从保护生产要素的角度出发，而质量第一则是从关心产品成果的角度出发。安全为质量服务，质量需要安全保证。

4. 安全与速度互相促进

安全是进度的前提。由于公路建设项目的最大特点是施工工期较长，建设单位总是希望其投入的资金能尽快产生效益，但工期过短是埋下安全隐患的原因之一。国家规范标准中的工期是可以进行适当压缩的，但对工期提出一个有利于安全的合理工期即约定工期，应当在施工合同中明确规定。可见，安全与进度是互相促进的。速度应以安全作为保障，安全就是速度，在项目实施过程中，应追求安全加速度，尽量避免安全减速度。当速度与安全发生矛盾时，应暂时减缓速度，保证安全才是正确的做法。

5. 安全与效益兼顾

安全技术措施的实施，会改善作业条件，带来经济效益，安全与效益是一致的，安全促进了效益的增长。在安全管理中，投入要适当，要进行统筹安排，既要保证安全生产，又要经济合理，还要考虑力所能及。单纯为了省钱而忽视安全生产，不但会给施工单位带来巨大的经济损失，而且会让建设单位推迟投入资金产生的效益。可见，安全与效益是兼顾的。

第二节　工程项目安全概况说明

工程项目安全概况是编制"项目安全施工组织设计"的基础，在编制"安全施工组织设计"之前，施工项目部应组织安全管理人员详细阅读施工图纸、施工合同文件，深入了解和掌握项目工程概况和特点，作出具有可操作性的"安全施工组织设计"。

"安全施工组织设计"应先对工程概况做系统说明，工程概况说明所包含的内容主要如下。

一、项目工程基本情况

(1)工程基本情况要求说明工程的建设单位、设计单位、施工单位、监理单位和政府有关质量安全监督单位。

(2)工程基本情况要求简单说明工程名称、工程性质、建设规模、工程地点、具体位置、工程沿途主要控制点、合同段名称、里程长度、起止桩号。

二、项目工程基本数据

(1)项目主要工程数量。包括路基土石方数量、防护工程数量、特殊路基工程数量、排水工程数量、桥涵工程数量、隧道工程数量、路面工程数量、交通工程数量、机电工程数量等。

(2)项目的重点工程和难点工程有哪些,重点难点工程的特点,重点难点工程施工特殊要求,设计单位对于重点难点工程的施工方案建议,施工单位对重点难点工程的施工措施设想。

(3)重点难点工程中涉及安全的工程项目。包括路基爆破工程内容及数量,桥梁水上、水下工程内容及数量,高空作业内容及数量,重大吊装工程数量,隧道施工数量等。

(4)工程造价,开竣工日期,合同工期等。

(5)业主单位、设计单位、监理单位、质量安全监督单位等相关工程主体单位名称。

三、工程沿线自然条件

(1)自然环境与气候。包括地形、地貌、植被、降水、冰雪灾害、潮汐、暴雨等。

(2)地质、水文、地震条件。涉及安全施工的不良地质如山体滑坡、溶洞、地震、洪水、泥石流、台风等一定要交代清楚。

(3)人文环境。工程所处位置是否有重要人文因素,是否有少数民族特殊风俗,对施工安全是否有特别影响。

(4)文物古迹保护。

四、工程施工环境

(1)交通与通信情况。施工所在地公路、铁路、水路交通是否方便;通信是否方便,移动通信网络是否有覆盖。

(2)电力供应情况。除了社会外电供应情况以外,工程对自办发电有什么特殊要求。

(3)施工原材料供应情况。包括外购材料的来源,运输距离和运输条件;地方材料的产地、质量、供应数量、运输距离和运输条件等。

(4)社会劳动力资源情况。

(5)水力资源情况。施工、生活用水来源等。

第三节　国家关于安全事故等级的划分

目前我国关于安全事故等级的划分有多种,各种划分标准不尽统一,下面简单介绍几种常用的关于安全事故等级划分的规定。

一、国务院第493号令关于事故等级划分及处理

国务院2007年4月公布的《生产安全事故报告和调查处理条例》规定如下。

1.事故等级划分

(1)特别重大事故:死亡≥30人,或重伤≥100人,或直接经济损失≥1亿元。

(2)重大事故:10人≤死亡<30人,或50人≤重伤<100人,或5千万元≤直接经济损失<1亿元。

(3)较大事故:3 人≤死亡<10 人,或 10 人≤重伤<50 人,或 1 千万元≤直接经济损失<5 千万元。

(4)一般事故:死亡<3 人,或重伤<10 人,或直接经济损失<1 千万元。

说明:重伤中包含急性工业中毒,凡急性工业中毒入院治疗人数一律列入重伤人数中。

2.事故报告程序

(1)现场负责人立即向本单位负责人报告。

(2)本单位负责人 1 小时内向事故发生地县级以上人民政府安全生产监督部门报告。

(3)接报部门逐级上报,每级上报时间不超过 2 小时。

3.事故接报部门

(1)特别重大、重大事故:应报告至国务院安全生产监督管理部门及有关部门。

(2)较大事故:应报告至省、自治区、直辖市安全监督管理部门。

(3)一般事故:应上报至设区的市级人民政府。

4.事故责任追究

(1)事故发生单位主要负责人有下列行为之一的,处上一年年收入 40%~80%罚款;国家工作人员依法给予处分;构成犯罪的,依法追究刑事责任。

下列行为是指:不立即组织事故抢救的;或迟报、漏报事故的;或在事故调查处理期间擅离职守的。

(2)事故发生单位主要负责人有下列行为之一的,单位处不低于 100 万元不高于 500 万元的罚款;事故发生单位主要负责人、直接负责的主管人员和其他直接责任人,处上一年年收入 60%~100%罚款;国家工作人员依法给予处分;构成犯罪的依法追究刑事责任。

下列行为之一是指:谎报或者瞒报事故的;或伪造、故意破坏事故现场的;或转移、隐匿资金、财产,销毁有关证据、资料的;或拒绝接受调查或拒绝提供有关情况和资料的;或在事故调查中做伪证或者指使他人做伪证的;或事故发生后逃匿的。

(3)事故发生单位对事故发生负有一定责任的,依照下列规定处以罚款:

①一般事故:10 万元≤罚款<20 万元。

②较大事故:20 万元≤罚款<50 万元。

③重大事故:50 万元≤罚款<200 万元。

④特别重大事故:200 万元≤罚款<500 万元。

(4)事故发生单位主要负责人未依法履行安全生产管理职责,导致事故发生的,依照下列规定处以罚款;属于国家工作人员的,并依法给予处分;构成犯罪的,依法追究刑事责任:

①一般事故:处上一年年收入 30%的罚款。

②较大事故:处上一年年收入 40%的罚款。

③重大事故:处上一年年收入 60%的罚款。

④特别重大事故:处上一年年收入 80%的罚款。

(5)事故发生单位对事故发生负有责任的,由有关部门依法暂扣或者吊销其有关证照;对事故发生单位负有事故责任的有关人员,依法暂停或者撤销其与安全生产有关的执业资格、岗位证书;事故发生单位主要负责人受到刑事处罚或者撤职处分的,自刑罚执行完毕或者受处分之日起,5 年内不得担任任何生产经营单位的主要负责人。

二、国家标准(GB/T 15236—94)关于事故等级的规定

1994 年国家颁布的《职业安全卫生术语》(GB/T 15236—94)中关于安全事故等级划分方法,有按职工伤害程度和经济损失情况两种。

注:本书后面各章节内容中所提到的事故等级标准均是指上述条目中所列事故等级标准。

1. 按职工伤害程度划分

(1)轻伤事故:指一次事故只有轻伤的事故。

(2)重伤事故:指一次事故只有重伤无死亡的事故。

(3)死亡事故:指一次事故死亡1～2人的事故。

(4)重大死亡事故:指一次事故死亡3～9人的事故。

(5)特大死亡事故:指一次事故死亡10人以上(含10人)的事故。

2. 按经济损失情况划分

(1)一般损失事故:一次损失1万元以下的。

(2)较大损失事故:一次损失1万元或1万元以上,10万元以下的。

(3)重大损失事故:一次损失10万元或10万元以上,100万元以下的。

(4)特大损失事故:一次损失100万元以上(包括100万元)的事故。

三、火灾事故等级分类

1996年11月11日由公安部、劳动部、国家统计局联合颁布的《火灾统计管理规定》,将火灾事故分为特大火灾、重大火灾和一般火灾三类。

1. 特大火灾事故

具有下列情形之一的火灾,为特大火灾:死亡10人以上(含10人);重伤20人以上(含20人);死亡加重伤20人以上(含20人);受灾50户以上(含50户);直接财产损失100万元以上(含100万元)。

2. 重大火灾事故

具有下列情形之一的火灾,为重大火灾事故:3人≤死亡<10人;10人≤重伤<20人;10人≤死亡加重伤<20人;30户≤受灾<50户;30万元以上≤直接财产损失<100万元。

3. 一般火灾事故

不具有前列两项情形的燃烧事故,为一般火灾:死亡3人以下(不含3人);重伤10人以下(不含10人);受灾户30户以下(不含30户);直接财产损失30万元以下(不含30万元)。

4. 说明

(1)凡在火灾和火灾扑救过程中因烧、摔、砸、炸、窒息、中毒、触电、高温辐射等原因所致的人员伤亡,列入火灾人员伤亡统计范围。其中死亡以火灾发生后7天内死亡为限,伤残统计标准按原劳动部的有关规定认定。

(2)火灾损失分直接财产损失和间接财产损失两项统计,具体计算方法按公安部的有关规定执行。

5. 火灾的界定

凡在时间或空间上失去控制的燃烧所造成的灾害,都为火灾,所有火灾不论损害大小,都应列入火灾统计范围。所有统计火灾应包括下列火灾:

(1)易燃、易爆化学物品燃烧爆炸引起的火灾。

(2)破坏性试验中引起非实验体的燃烧。

(3)机电设备因内部故障导致外部明火燃烧或者由此引起其他物件的燃烧。

(4)车辆、船舶、飞机以及其他交通工具发生的燃烧(飞机因飞行事故而导致本身燃烧的除外),或者由此引起其他物件的燃烧。

四、道路交通事故等级分类

1991年9月国务院发布的《道路交通事故处理办法》第六条规定,根据人身伤亡或者财产损失的程度和数额,交通事故分为轻微事故、一般事故、重大事故和特大事故4级。后经公安部修订的道路交通事故等级划分标准，各类事故等级标准规定如下：

1. 轻微事故

它指一次造成轻伤 1 至 2 人，或者财产损失机动车事故不足 1000 元，非机动车事故不足 200 元的事故。

2. 一般事故

它指一次造成重伤 1 至 2 人，或者轻伤 3 人以上，或者财产损失不足 3 万元的事故。

3. 重大事故

它指一次造成死亡 1 至 2 人，或者重伤 3 人以上 10 人以下，或者财产损失 3 万元以上不足 6 万元的事故。

4. 特大事故

它指一次造成死亡 3 人以上，或者重伤 11 人以上，或者死亡 1 人，同时重伤 8 人以上，或者死亡 2 人，同时重伤 5 人以上，或者财产损失 6 万元以上的事故。

第二章　安全管理的基本理论

根据国内外科学体系分类方法，安全科学作为一门新兴的学科，它具有丰富的内涵和重要的作用，安全科学拥有相对独立的知识体系和科学理论，具有广阔的发展空间。

事故学理论的核心是风险控制论，它对于研究事故发生的规律、揭示事故的本质、认识事故的内在因素具有重要意义，从而对指导如何预防事故的发生具有重要的作用。

风险控制理论具有较好的事故控制超前性。风险控制理论通过对事故发生原因的分析、总结和研究，在原有事故控制方法论的基础上建立了更为有效的事故风险对策和事故风险控制方法，例如安全评价法、危险分析法、危险评价法等基本方法。风险控制理论主要从事故的原因出发，对于事故前的控制提出安全管理方法和控制策略，从而降低事故的发生频率，提高事故预防的效果。

第一节　安全事故致因分析理论

20 世纪 30 年代，美国著名安全工程师海因希里（K. M. Heinrich）事故致因理论研究成果，奠定了事故学理论基础。事故学理论结束了以往对安全防范无能为力的历史，为人类社会的安全管理作出了重要贡献。另一位美国著名安全学者博德（S. D. Boden）在海因希里事故因果连锁理论的基础上，提出了与现代安全观点更加吻合的事故因果连锁理论。

一、海因希里事故因果连锁理论

1. 事故因果连锁理论

20 世纪初，资本主义工业化大生产飞速发展，机械化的生产方式迫使工人适应机器，导致工伤事故频发。海因希里（K. M. Heinrich）在《工业事故预防》一书中提出了著名的“事故因果连锁理论”，该理论认为伤害事故的发生是一连串的事件，是按照一定的因果关系依次发生的。这种因果连锁关系的发展过程是：发生人员伤亡是事故的结果——是因为人的不安全行为和物的不安全状态——人的不安全行为或物的不安全状态是由于人的缺点造成——人的缺点是由于不良环境诱发，或是先天的遗传因素造成。

2. 事故因果连锁过程的五个因素

(1)遗传与社会环境。遗传因素与社会环境是造成人的性格上缺点的原因。遗传因素可能造成鲁莽、固执等不良性格；社会环境可能妨碍教育、助长性格上的缺点发展。

(2)人的缺点。人的缺点是使人产生不安全行为或造成机械、物质不安全状态的原因，它包括鲁莽、固执、过激、神经质、轻率等性格上的、先天的缺点，以及缺乏安全生产知识和技能等后天的缺点。

(3)人的不安全行为或物的不安全状态。所谓人的不安全行为或物的不安全状态是指那些曾经引起过事故，或可能引起事故的人的行为，或机械、物质的状态，它们是造成事故的直接原因。例如，不发信号就启动机器、工作时间打闹、拆除安全防护装置等都属于人的不安全行为；没有防护的传动齿轮、裸露的带电体或照明不良等都属于物的不安全状态。

(4)事故发生。事故是由于物体、物质、人或放射线的作用或反作用,使人员受到伤害或可能受到伤害、出乎意料、失去控制的事件。其中坠落、物体打击等能使人员受到伤害的事件是典型的事故。

(5)产生伤亡。由于事故产生的人身伤亡。海因希里用多米诺骨牌来形象地描述这种事故因果连锁关系,如图 2-1 所示。在多米诺骨牌系列中,第 1 块骨牌倒下(事故根本原因发生),会引起后面的连锁反应,其余的几块骨牌相继被碰倒,第 5 块倒下的就是伤亡事故。如果移去其中一块骨牌,如图 2-2 所示,则连锁被隔断,发生事故的过程被中止。

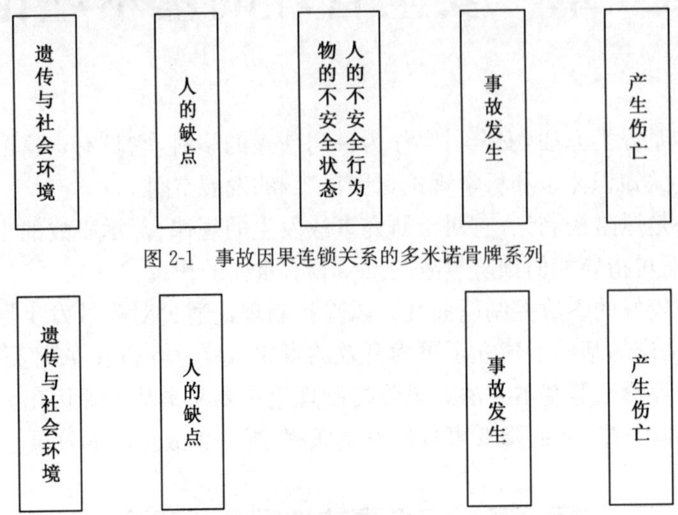

图 2-1　事故因果连锁关系的多米诺骨牌系列

图 2-2　连锁被隔断的事故因果多米诺骨牌系列

该理论的最大价值在于使人认识到:从图中竖立的 5 块骨牌中,如果抽出了第 3 块骨牌,也就是消除了人的不安全行为或物的不安全状态,即可防止事故的发生。

二、博德事故因果连锁理论

博德(S. D. Boden)的事故因果连锁过程同样由 5 个因素组成,但每个因素的含义与海因希里理论的含义有所不同。博德的 5 个因素为:

1. 管理缺陷

完全依靠工程技术措施预防事故,既不经济也不现实,需要具备完善的安全管理工作,才能防止事故的发生。如果安全管理上出现缺陷,就会导致事故基本原因的出现,安全管理是重要一环。

2. 基本原因

为了从根本上预防事故,必须查明事故的基本原因,并针对查明的基本原因采取对策,基本原因包括个人原因和工作条件原因两个方面。

(1)个人原因。包括缺乏安全知识或技能,行为动机不正确,生理或心理有问题等。

(2)工作条件原因。包括安全操作规程不健全,设备、材料不合适,以及存在温度、湿度、粉尘、有毒有害气体、噪声、照明、工作场地状况(如打滑的地面、障碍物、不可靠支撑物)等有害作业环境因素。

3. 直接原因和根本原因

人的不安全行为或物的不安全状态是引发事故的直接原因,这种原因只是一种表面现象。在实际工作中,不能停留在这种表面现象上,而要追究隐藏在其背后的根本原因,这个根本原因就是管理上的缺陷。应从根本原因入手,采取有效的控制措施,从根本上杜绝事故的发生。

4. 事故

从实用的目的出发,往往把事故定义为最终导致人员肉体损伤、死亡,财物损失的、不希望发生的事件。但是,越来越多的安全专业人员从能量的观点把事故看做是人的身体或构筑物、设备与超过其限值的能量的接触，或人体与妨碍正常施工生产活动的物质的接触。因此，防止事故就是防止接触。通过对装置、材料、工艺的改进来防止能量的释放，训练工人提高识别和回避危险的能力，加强个体防护(佩戴个人防护用具)来防止接触。

5. 损失

人员伤害及财物损坏统称为损失。人员的伤害包括工伤、职业病、精神创伤等。在许多情况下，可以采取适当的措施，使事故造成的损失最大限度地减小。例如，对受伤者进行迅速正确的抢救，对设备进行抢修以及平时对有关人员进行应急训练等。

第二节　风险控制理论

20 世纪 50 年代，逐步建立起来的安全系统工程、安全人机工程、风险分析与安全评估理论形成了一套系统的“风险控制理论”。风险控制理论跨越了发生事故后再进行研究分析的历史，是对事故学理论的发展和升华。

一、风险因素分析

1. 风险因素的不确定性

风险因素的不确定性无疑会给项目的目标实现带来影响，其中有些影响甚至是灾难性的。工程项目的风险就是指那些在项目实施过程中可能出现的灾难性事件或不满意的结果。任何风险都包括两个基本元素：一是风险因素发生的不确定性；二是风险发生带来的损失。

2. 风险因素的潜在性

由于外部环境千变万化，也因为项目本身的复杂性和人们预测能力的局限性，风险事件是一种潜在性的可能事件，它确实存在而且发生，但又不能准确判断发生的时间和损害的程度。

二、风险量化分析

为了有效地克服风险因素的不确定性和潜在性，对风险因素采取量化分析方法是一种行之有效的方法。

1. 危险性量值的概念

危险性量值是发生风险可能性大小的一个量化值，用 D 表示。用与工程施工危险性有关的三个因素指标之积来评价危险性量值的大小，其简化公式为：

$$D=L\times E\times C$$

式中：L——发生事故的可能性；

E——暴露于危险环境的频繁程度；

C——事故后果的严重性；

D——危险性量值。

2. 危险性量值分析

(1)发生事故的可能性分析。

为了计算方便，假定将“事故必然发生”的分值定为 10，“事故绝对不可能发生”的分值定为 0，介于这两种情况之间的情况假定为若干个中间值，分别定为 8 个级别，见表 2-1。实际计算时则是根据某项工程本身所具有的危险性程度来确定。例如：工程是处理山体坡面上已经松动的塌方体，可以断定处理过程中必然会发生危险，则用式(2-1)计算时，L 的取值应取 10。

事故发生的可能性分值(*L*) 表 2-1

序 号	事故发生的可能性	分 值	序 号	事故发生的可能性	分 值
1	必然发生	10	5	可能不会发生	0.5
2	很可能发生	6	6	极不可能发生	0.2
3	可能发生	3	7	实际不可能发生,纯属意外	0.1
4	发生可能性小	1	8	绝对不可能发生	0

(2)暴露于危险环境的频繁程度分析。

人员出现在危险环境中的时间越长,危险性越大。计算假定将人员连续出现在危险环境的情况的分值定为10,绝对不出现在危险环境中的分值定为0,介于两者之间的各种情况分别规定出若干中间值,分别假定为7个等级,见表2-2。

暴露于危险环境频繁程度值(*E*) 表 2-2

序 号	暴露于危险环境频繁程度	分 值	序 号	暴露于危险环境频繁程度	分 值
1	连续长时间暴露	10	5	每年几次暴露	1
2	每天工作时间内暴露	6	6	极少暴露	0.5
3	每周一次或偶然暴露	3	7	绝对没有	0
4	每月一次	2			

(3)事故后果的严重性分析。

事故可能产生的后果是造成人身伤亡和经济损失。计算假定按其人员伤害的程度、经济损失多少,将事故后果的严重程度,依据《企业职工伤亡事故分类》(GB 6441—86)规定分为6个级别,每个级别的分值见表2-3。

事故后果的严重性分值(*C*) 表 2-3

序 号	事故后果严重性	分 值	序 号	事故后果严重性	分 值
1	10人以上死亡/直接经济损失100万~300万元	100	4	伤残/经济损失1万~10万元	7
2	3~9人死亡/直接经济损失30万~100万元	40	5	重伤/经济损失1万元以下	3
3	1~2人死亡/直接经济损失10万~30万元	15	6	轻伤(损失1~105工日的失能伤害)	1

3.危险性量值*D*的计算和结果分析

根据式(2-1)计算出施工作业的危险性量值,根据计算结果划分风险等级,针对不同风险等级采取相应措施,见表2-4。

风险等级划分 表 2-4

序 号	风险等级	*D* 值	危险程度及处理措施	备 注
1	一	<20	稍有危险,加强注意	低风险
2	二	20~70	一般危险,高度警惕	一般风险
3	三	70~160	有明显危险,需要整改	属重大风险
4	四	160~320	高度危险,不整改不得施工	属重大风险
5	五	>320	极其危险,应立即停止施工	属特大风险

从表2-4可以看出,如果某施工工程的危险性量值*D*的计算结果小于20,那么这个工地基本上是安全的,工地发生重大安全事故的可能性很小,只要加强安全注意,工地处于安全可控状态。如果危险性分值*D*的计算结果大于70,说明工地存在重大风险,施工管理中应该认真对计算式(2-1)进行分析,找出引起*D*值增高是哪几个因素,然后有的放矢采取整改措施。

第三节 风险管理理论

一、风险管理流程

风险管理是一个识别和度量项目风险,制定、选择、管理风险处理方案的系列过程。风险管理的流程如图 2-3 所示。

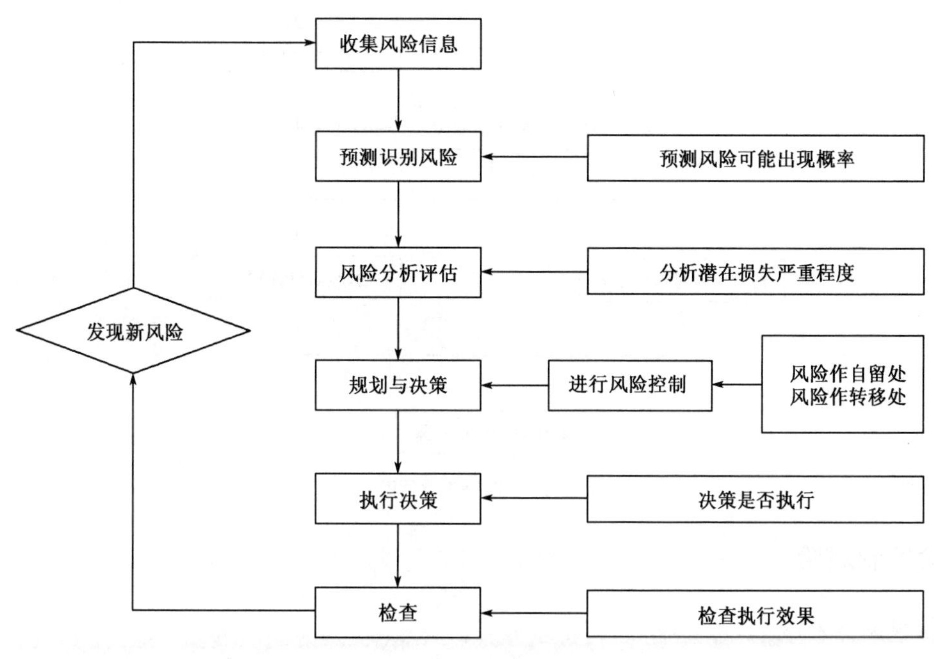

图 2-3 风险管理流程图

二、风险的预测与识别

风险的预测和识别是指通过一定的方式,系统而全面地识别出影响建设工程目标实现的风险事件并加以适当归类的过程,必要时还需要对风险事件的后果作出定性的估计。

风险的预测和识别的过程主要立足于数据收集、分析和预测。要重视经验在预测中的特殊作用(即定性预测)。为了使风险识别做到准确、完善和有系统性,应从项目风险管理的目标出发,通过风险调查、信息分析、专家咨询及实验论证等手段进行多维分解,从而全面认识风险,形成风险清单。

风险识别的结果是建立风险清单,识别的核心工作是"工程风险分解"和"识别工程风险因素"、"风险事件及后果"。

三、风险分析与评估

1. 主要内容

这一过程是将工程风险事件发生的可能性和损失后果进行定量化分析,评价风险事件的潜在影响,它包括的内容主要有:

(1)确定风险事件发生的概率和对项目安全管理目标影响的严重程度,如人员伤亡率、经济损失量、工期迟延量等。

(2)评价所有风险事件的潜在影响,得到项目的风险决策变量值,作为项目决策的重要依据。

2. 主要方法

风险分析的评估,可以采用定量法和定性法两种。

(1)定量风险评价方法有专家打分法、层次分析打分法等。其作用是用定量分数来区分不同风险的相对严重程度,根据预先确定的可接受的风险水平作出相应的决策。

(2)定性风险评价方法又分为多种,如敏感性分析法、盈亏平衡分析法、决策树法、随机网络法等。

3. 风险分析与评价流程

风险分析与评价流程如图 2-4 所示。

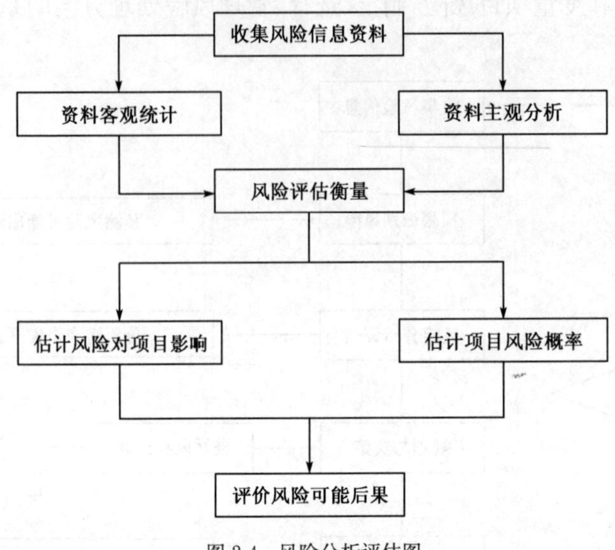

图 2-4　风险分析评估图

四、风险控制对策

1. 风险控制对策种类

风险控制对策种类主要有 4 种:一是风险回避;二是损失控制;三是风险自留;四是风险转移。风险对策的适用对象各有不相同,需要根据风险评价的结果,对不同的风险事件选择最适宜的风险对策。以上 4 种风险对策在选用时,可以选择一种,也可以同时选择两种或多种,从而形成最佳的风险对策组合,总之是以能最大限度地规避风险为目的。

2. 风险控制的基本要求

(1)能消除或减弱生产过程中产生的危险、危害。

(2)处置危险和有害物质,并降低到国家规定的限值内。

(3)预防生产装置失灵和操作失误产生的危险、危害。

(4)能有效地预防重大事故和职业危害的发生。

(5)发生意外事故时,能为遇险人员提供自救和互救条件。

五、安全控制措施

1. 安全技术措施等级顺序

工程施工中,应按下列安全技术措施等级顺序选择安全技术措施。

(1)直接安全技术措施。施工项目设备本身应具有本质安全性能,保证不出现任何事故和危害。

(2)间接安全技术措施。若不能或不完全能实现直接安全技术措施时,必须为生产设备设计出一种或多种安全防护装置,最大限度地预防、控制事故或危害的发生。

(3)指示性安全技术措施。在直接、间接安全技术措施都无法实现或实施时,必须采用检测报警装置、警示标志等措施,警告、提醒作业人员注意,以便采取相应的对策措施或紧急撤离危险场所。

(4)制订安全操作规程,进行安全教育、安全培训和使用个体防护用品等措施来预防,减弱系统的危险、危害程度。

2. 遵循安全技术措施等级顺序的具体原则

(1)消除原则。通过合理的设计和科学的管理，尽可能从根本上消除危险、有害因素，如采用无害化工艺技术，实现自动化、遥控作业等。

(2)预防原则。采取预防性技术措施，预防危险、危害的发生，如使用安全阀、安全屏护、漏电保护装置、安全电压、熔断器、防爆膜、事故排放装置等。

(3)减弱原则。在无法消除危险或难以预防的情况下，可采取降低危险、危害的措施，如加设局部通风排毒装置，采取降温措施，设置避雷、消除静电、减振、消声等装置。

(4)隔绝原则。应将作业人员与危险、有害因素隔开。如遥控作业、设安全罩、防护屏、隔离操作室、安全距离、事故发生时的自救装置(如防护服、各类防毒面具)等。

(5)连锁反应原则。当作业人员失误或设备运行一旦达到危险状态时，应通过自动连锁装置强制终止操作和运行，从而有效阻止危险、危害发生。

(6)警告原则。在易发生故障和危险性较大的地方，应设置醒目的安全色与安全标志；必要时设置声、光或声光组合报警装置。

六、工程施工常见的事故分类

参照《企业职工伤亡事故分类标准》(GB 6441—86)，综合考虑事故的起因物、致害物、伤害方式等特点，将危险源及危险源造成的事故划分为16类。

(1)物体打击。指落物、滚石、锤击、碎裂崩块、碰伤等伤害，包括因爆炸而引起的物体打击。

(2)车辆伤害。是指企业机动车辆在行驶中引起的人体坠落和物体倒塌、飞落、挤压伤亡事故，不包括起重设备提升、牵引车辆和车辆停驶时发生的事故。

(3)机械伤害。是指机械设备运动(静止)部件、工具、加工件直接与人体接触引起的夹击、碰撞、剪切、卷入、绞、碾、割、刺等伤害，不包括车辆、起重机械引起的机械伤害。

(4)起重伤害。是指各种起重作用(包括起重机安装、检修、试验)中发生的挤压、坠落(吊具、吊重)物体打击和触电。

(5)触电。包括雷击伤害。

(6)淹溺。包括高处坠落淹溺，不包括矿山、井下透水淹溺。

(7)灼烫。指火焰烧伤、高温物体烫伤、化学灼伤(酸、碱、盐、有机物引起的体内外灼伤)、物理灼伤(光、放射性物质引起的体内外灼伤)，不包括电灼伤和火灾引起的烧伤。

(8)火灾。

(9)高处坠落。是指在高处作业中发生坠落造成的伤亡事故，不包括触电坠落事故。

(10)坍塌。是指物体在外力或重力作用下，超过自身的强度极限或因结构稳定性破坏而造成的事故，如挖沟时的土石塌方、脚手架坍塌、堆置物倒塌等，不适用于矿山冒顶坍塌和车辆、起重机械、爆破引起的坍塌。

(11)放炮伤害。是指爆破作业中发生的伤亡事故。

(12)火药爆炸。指生产、运输、储藏过程中发生的爆炸。

(13)化学性爆炸。是指可燃性气体、粉尘等与空气混合形成爆炸性混合物，接触引爆能源时，发生的爆炸事故(包括气体分解、喷雾爆炸)。

(14)物理性爆炸。包括锅炉爆炸、容器超压爆炸、轮胎爆炸等。

(15)中毒和窒息。包括中毒、缺氧窒息、中毒性窒息。

(16)其他伤害。是指除上述以外的危险因素，如摔、扭、挫、擦、刺、割伤和非机动车碰撞、轧伤等。矿山、井下、坑道作业，还有冒顶坍塌、透水、瓦斯爆炸等危险因素。

第三章　安全生产管理基本制度

第一节　安全施工法律、法规及相关机制

一、安全生产的法律、法规

作为一个公路施工企业，应熟悉安全生产的法律法规，尤其是在制订施工组织设计中的安全技术措施，或者在制订安全专项施工方案时，要注意制订的内容是否符合法律法规、工程建设强制性标准的有关规定。

法的形式，实质是法的效力等级问题。根据《中华人民共和国宪法》（以下简称《宪法》）和《中华人民共和国立法法》（以下简称《立法法》）及有关规定，我国法的形式主要包括如下。

1. 宪法

当代中国法的渊源主要是以宪法为核心的各种制定法。宪法是每一个民主国家最根本的法的渊源，其法律地位和效力是最高的，其余一切法律、行政法规和地方性法规都不得与宪法相抵触。

2. 法律

广义上的法律，泛指《立法法》调整的各类法的规范性文件；狭义上的法律，仅指全国人大及其常委会制定的规范性文件。法律的效力低于宪法，但高于其他法规。按照法律制定的机关及调整的对象和范围不同，法律可分为基本法律和一般法律。如《中华人民共和国民法通则》（以下简称《民法通则》）、《中华人民共和国合同法》（以下简称《合同法》）、《中华人民共和国刑法》（以下简称《刑法》）和《中华人民共和国民事诉讼法》（以下简称《民事诉讼法》）等。

涉及国家和社会生活某一方面关系的法律，如《建筑法》、《公路法》、《港口法》、《安全生产法》等。

3. 行政法规

行政法规是最高国家行政机关即国务院制定的规范性文件，如《建设工程质量管理条例》、《建设工程勘察设计管理条例》、《建设工程安全生产管理条例》、《安全生产许可证条例》、《建设项目环境保护管理条例》、《生产安全事故报告和调查处理条例》等。行政法规的效力低于宪法和法律。

4. 地方性法规

地方性法规是指省、自治区、直辖市，以及省、自治区人民政府所在地的市和经国务院批准的较大的市的人民代表大会及其常委会，在其法定权限内制定的法律规范性文件，地方性法规只在本辖区内有效，其效力低于法律和行政法规。

5. 行政规章

行政规章是由国家行政机关制定的法律规范性文件，包括部门规章和地方政府规章。

（1）同一机关制定的新、旧特别规定不一致时，由制定机关裁决。

（2）地方性法规与部门规章之间对同一事项的规定不一致，不能确定如何适用时，由国务院提出意见，国务院认为应当适用地方性法规的，应当决定在该地方适用地方性法规的规定；认为应当适用部门

规章的，应当提请全国人民代表大会常务委员会裁决。

(3)部门规章之间、部门规章与地方政府规章之间对同一事项的规定不一致时，由国务院裁决。

6. 最高人民法院司法解释规范性文件

最高人民法院对于法律的系统性解释文件和对法律适用的说明，对法院审判有约束力，具有法律规范的性质，在司法实践中具有重要的地位和作用。

7. 国际条约

国际条约是指我国作为国际法主体同外国缔结的双边、多边协议和其他具有条约、协定性质的文件，如《建筑业安全卫生公约》等。国际条约是我国法的一种形式，具有法律效力。

二、安全生产管理的相关制度

1. 安全生产许可证制度

《建设工程安全生产管理条例》规定施工单位应当具备安全生产条件。同时，《安全生产许可证条例》进一步明确规定，国家对矿山企业、建筑施工企业和危险化学品、烟花爆竹、民用爆破器材生产企业实行安全生产许可制度。上述企业未取得安全生产许可证的，不得从事生产活动。建设部负责中央管理的建筑施工企业安全生产许可证的颁发和管理。省、自治区、直辖市人民政府建设主管部门负责上述规定以外的建筑施工企业安全生产许可证的颁发和管理，并接受建设部的指导和监督。

2. 安全生产责任制度

安全生产责任制度是指企业对企业中各级领导、各个部门、各类人员所规定的在他们各自职责范围内对安全生产应负责任的制度。其内容应充分体现责、权、利相统一的原则。建立以安全生产责任制为中心的各项安全管理制度，是保障安全生产的重要手段。安全生产责任制应根据"管生产必须管安全"、"安全生产人人有责"的原则，明确各级领导、各职能部门和各类人员在施工生产活动中应负的安全责任。

3. 安全生产教育培训制度

安全生产教育培训制度是指对从业人员进行安全生产的教育和安全生产技能的培训，并将这种教育和培训制度化、规范化，以提高全体人员的安全意识和安全生产的管理水平，减少、防止生产安全事故发生。安全教育主要包括安全生产思想教育、安全知识教育、安全技能教育、安全法制教育4个方面。其中规定：对新职工的三级安全教育(即企业培训教育、分公司或项目部培训教育、班组培训教育)是安全生产基本教育制度。培训制度主要包括对施工单位管理人员和作业人员的定期培训，特别是在采用新技术、新工艺、新设备、新材料时对作业人员的培训。

4. 安全生产费用保障制度

安全生产费用是指建设单位在编制建设工程概算时，为保障安全施工而确定的费用，建设单位根据工程项目的特点和实际需要，在工程概算中要确定安全生产费用，并将这笔费用根据监理工程师的确认情况划转给施工单位。安全生产费用保障制度是指施工单位对安全生产费用必须用于施工安全防护用具及设施的采购和更新、安全施工措施的落实、安全生产条件的改善。

5. 安全生产管理机构和专职人员制度

安全生产管理机构是指施工单位专门负责安全生产管理的内设机构，其人员即为专职人员，由施工单位项目工程主要负责人(项目经理)负责，根据工程规模大小，难易程度及复杂性，配备若干持证的专职安全生产管理人员组成。管理机构的职责是负责落实国家有关安全生产的法律法规和工程建设强制性标准，监督安全生产措施的落实，组织施工单位进行内部的安全生产检查活动，及时整改各种安全事故隐患以及日常的安全生产检查。

专职安全生产管理人员是指施工单位专门负责安全生产管理的人员，是国家法律、法规、标准在本单位实施的具体执行者，其职责是负责对安全生产进行现场监督检查并做好记录，发现生产安全事故隐患，应及时向项目负责人和安全生产管理机构报告，对违章指挥、违规操作和违反劳动纪律的应立即制止。

6.特种作业人员持证上岗制度

施工单位的垂直运输机械作业人员、施工船舶作业人员、爆破作业人员、安装拆卸工、超重信号工、电工、电焊工等国家规定的特种作业人员，必须按照国家规定，经过专门安全培训并取得特种作业操作资格证书后，方可上岗作业。

7.安全技术措施制度

安全技术措施是指从技术上采取措施，防止工伤事故和职业病的危害。在工程施工中，具体针对工程项目特点、环境条件、劳动组织、作业方法、施工机械、供电设施等制订确保安全施工的措施。安全技术措施也是公路工程项目管理实施规划或施工组织设计的重要组成部分。

8.专项施工方案审查制度

对于结构复杂、危险性较大、特性较多的特殊工程，必须编制专项施工方案，并附安全验算结果，经施工单位技术负责人签字后，必要时还应当组织专家进行论证审查，经审查同意和总监签字后，方可组织施工。

9.安全生产技术交底制度

安全生产技术交底制度，指每项工程实施前，施工单位负责项目管理的技术人员对有关的施工技术要求向施工作业班组、作业人员详细说明并由双方签字确认的制度。施工前详细说明制度主要内容是：本项目的施工作业特点和危险点；针对危险点的具体预防措施；应注意的安全事项；相应的安全操作规程和标准；发生事故后应及时采取的避难和急救措施等。

10.消防安全责任制度

消防安全责任制度是指施工单位确定施工现场的消防安全责任人，制订用火、用电、使用易燃易爆材料等各项消防安全管理制度和操作规程，施工现场设置消防通道，消防水源，配备消防设施和灭火器材，并在施工现场入口处设置明显消防标志。

11.防护用品及设备管理制度

防护用品及设备管理制度是指施工单位采购、租赁的安全防护用具、机械设备、施工机具及配件，应当具有生产(制造)许可证、产品合格证，并在进入现场前进行查验。同时必须做好防护用品和设备的维修、保养、报废和资料档案管理。

12.起重机械和设备设施验收登记制度

施工单位在工程中使用施工起重机械和整体提升式脚手架、滑模爬模、架桥机等自行式架设设施，在实施前应当组织有关单位进行验收，或者委托具有相应资质的检验检测机构进行验收。使用承租的机械设备和施工机具及配件的，由承租单位、出租单位和安装单位共同进行验收，验收合格方可使用，验收合格后30日之内，应当向当地交通主管部门登记。

《特种设备安全监察条例》规定的施工起重机械，应当经有相应资质的检验检测机构监督检验合格。

13.三类人员考核任职制度

三类人员是指施工单位的主要负责人、项目负责人和专职安全生产管理人员。施工单位的主要负责人对本单位的安全生产工作全面负责，项目负责人对所承包的项目安全生产工作全面负责，专职安全生产管理人员直接、具体承担本单位日常的安全生产管理工作。三类人员在施工安全方面的知识水平和管理能力直接关系本单位、本项目的安全生产管理水平。从事公路工程的三类人员必须经交通主管部门对其安全知识和管理能力考核合格后方可任职。

14. 意外伤害保险制度

施工单位应当为施工现场的人员办理意外伤害保险，意外伤害保险费应由施工单位支付；实行施工总承包的，由总施工单位支付。该项保险是施工单位必须办理的，用维护施工现场从事危险作业人员的利益。

15. 安全事故应急救援预案管理制度

施工单位应当针对本项目工程特点制订生产安全事故应急预案，定期组织演练。建立应急救援组织或者配备应急救援人员，配备必要的应急救援器材、设备，并根据公路工程施工的特点、范围，对施工现场易发生重大事故的部位、环节进行监控。

实行施工总承包的，由总承包的施工单位统一组织编制建设工程生产安全事故应急救援预案，工程总承包的施工单位和分包单位按照应急救援预案，各自建立应急救援组织或者配备应急救援人员，配备救援器材、设备，并定期组织演练。

16. 安全事故报告制度

公路工程施工单位发生生产安全事故，施工单位应当立即向建设单位、监理单位和事故发生地的工程安全生产监督部门以及其他安全监督机构报告。按照国家有关伤亡事故报告和调查处理的规定，及时、如实地报告；特种设备发生事故的，还应当同时向特种设备安全监督管理部门报告。实行施工总承包的建设工程，由总施工单位负责上报事故。

17. 工艺、设备、材料的淘汰制度

在公路工程的设计施工中，不得采用国家有关部门公布的淘汰工艺、设备和材料，各项机械、设备应建立相应的资料档案，并按国家有关规定及时报废。对在规定淘汰期限之后仍继续使用淘汰工艺、设备、材料的单位和个人，有关部门将依法责令停止使用，对屡禁不止的，由司法机关追究其法律责任。

18. 安全生产事故隐患排查治理制度

为了建立安全生产事故隐患排查治理长效机制，强化安全生产主体责任，加强事故隐患监督管理，防止和减少事故，保障人民群众生命财产安全，必须建立健全安全生产事故隐患排查治理制度，逐级建立并落实从主要负责人到每个从业人员的隐患排查治理和监控责任制。

安全生产事故隐患（以下简称事故隐患），是指生产经营单位违反安全生产法律、法规、规章、标准、规程和安全生产管理制度的规定，或者因其他因素在生产经营活动中存在可能导致事故发生的物的危险状态、人的不安全行为和管理上的缺陷。

事故隐患分为一般事故隐患和严重事故隐患。一般事故隐患，是指危害和整改难度较小，发现后能够立即整改排除的隐患。严重事故隐患，是指危害和整改难度较大，应当全部或者局部停产停业，并经过一定时间整改治理方能排除的隐患，或者因外部因素影响致使生产经营单位自身难以排除的隐患。

三、建立公路工程建设安全监管长效机制

根据《安全生产法》、《建设工程安全生产管理条例》和《公路水运工程安全生产监督管理办法》有关规定，为加强公路水运工程建设安全监管，逐步建立长效机制。

1. 指导思想与原则

按照“安全第一，预防为主，综合治理”的方针，遵循“标本兼治、重在治本”的原则，树立重特大安全责任事故“零容忍”理念，以实现公路建设安全发展为总要求，以建立健全“预案、预控、预报、预警”安全监管长效机制为总目标，以落实安全生产责任制为重点，加强监管，履行职责，建立公路工程建设安全监管长效机制，促进交通建设快速发展、科学发展、安全发展、协调发展。

2. 加强组织领导，建立健全建设安全监管体系

公路建设安全事关人民群众生命财产安全和社会稳定大局，各级交通运输主管部门要把安全工作

列入重要议事日程，按照"管建设、管安全"的原则，明确分管领导、监管机构、建设项目归口管理部门和项目法人单位的安全职责，形成健全的安全监管体系和协调配合机制。督促并支持监管机构加强管理，落实人员和经费，建立责权明确、行为规范、执法有力的安全生产监管队伍。

3.夯实监管基础，建立完善安全法规标准体系

各级交通运输主管部门应当根据《公路水运工程安全生产监督管理办法》，研究制订本地区的安全生产准入条件、安全生产费用、事故报告、应急救援、隐患监控预警、安全风险评估、安全监理、安全培训和安全技术进步等方面的管理办法。在国家和行业标准框架下，制订地方安全技术标准规范，形成比较系统的安全法规和技术标准体系，夯实安全监管工作基础，为安全监管执法创造条件。

4.严格安全生产条件审查，促进各参建单位落实安全责任

各级交通运输主管部门应根据《建设工程安全生产管理条例》，进一步明确建设、勘察、设计、施工、监理等参建单位的安全生产职责。应在资质许可、设计审批、招投标监管、施工许可及项目督查等工作中，加强对参建单位履行安全职责情况的监督检查。建设单位在招标文件中应明确安全生产条件，在施工、监理合同中应规定安全生产责任和相关费用，并负责建设过程中的检查和督促落实。对达不到安全生产条件的施工合同段，特别是安全生产费用投入不足、安全生产管理人员配备不齐、重大专项方案不审查、特种设备未检验合格的，坚决不准予开工。对未严格执行上述要求的建设项目，一经发现，按照"谁主管谁负责"的原则，坚决予以纠正，造成事故的，依法依纪追究相关责任。

5.落实安全一票否决制度，实施严格的安全惩戒

各级交通运输主管部门应当结合行业实际，建立安全惩戒制度，实行安全一票否决。对安全督查中受到部、省交通运输主管部门通报批评的施工、监理等单位，应在从业企业信用体系中予以记录。建设期发生过一次重大以上责任事故或两次以上较大责任事故的，应将施工、监理等有关责任单位列入重点督查名单。情节严重、影响恶劣的，应依法暂停其投标资格。对代建制项目法人，应依法暂停其代建新项目。发生过重大以上责任事故的建设项目不得评优，相关建设、施工、监理等责任单位的安全管理行为，也应在信用等级评定中反映。

6.依法开展事故调查，逐步形成协调配合机制

各级交通运输主管部门要认真落实国务院《事故报告和调查处理条例》的有关规定，研究分析公路工程建设管理特点和事故规律，在各级人民政府的统一领导下，配合做好事故调查处理工作。在事故技术调查和原因认定等方面，发挥行业主管部门作用，同时积极参与事故责任认定和处理等工作。对国家、部省重点建设项目、跨区市实施项目和特殊复杂工程，要建立事故调查协商处理机制，必要时，可与综合监管部门联合出台事故调查办法，确保事故调查工作的科学性、准确性和公正性。

7.加强事故预警机制研究，开展工程安全风险评估

安全风险评估是一项行之有效的安全预防措施，各级交通运输主管部门应高度重视，加强安全事故预警、预测、预报和预防工作。对风险较大的重点桥隧工程和大型水上结构工程，应按规定开展安全风险评估及安全监测工作。对安全风险高、安全措施不到位的工程，应责令停工整改，坚决制止强令赶工和冒险作业行为。

8.总结专项治理经验，促进隐患排查治理工作制度化

各级交通运输主管部门要认真总结专项治理行动的成熟经验，将行之有效的措施制度化，长期坚持。落实和完善专项行动中建立起来的施工现场危险告知、专项施工方案审查、重大隐患挂牌督办和登记销号等"五项制度"。严格执行严禁在泥石流区、滑坡体、洪水位下设置施工驻地，严禁长大隧道无超前预报和监控量测措施施工等"四项严禁"措施。促进隐患排出治理工作制度化、常态化。

9.积极推行工地安全标准化，促进安全生产精细化管理

各级交通运输主管部门要按照国家法律法规有关规定，根据本地区经济社会发展状况，尽快制订本

地区施工现场安全防护和施工人员基本生产生活条件标准，并进行达标验收。要督促建设单位和施工单位抓住施工现场安全管理的重要环节和细节，制订切实可行的施工方案和安全生产管理措施，促进安全生产精细化管理水平提高。

10. 完善应急救援体系，提高应对突发事件能力

各级交通运输主管部门要按照地方人民政府要求，制订本地区公路建设重大生产安全事故应急救援预案，落实应急组织、程序、资源及措施，满足事故应急救援工作需要。要按照国家安全生产应急预案管理的有关规定，加强对从业企业应急预案的监督检查，增强建设单位和施工单位应急预案的针对性和有效性，提升行业应对突发事件能力。

11. 加强安全教育培训，营造行业安全文化氛围

各级交通运输主管部门要充分发挥行业指导作用，认真开展施工企业安全生产管理人员考核发证和安全监理人员培训教育工作。督查各参建单位安全教育开展情况，督促施工企业做好农民工上岗、转岗前的安全技能培训。采用多种方式和手段，加强安全文化知识宣传，积极推动安全文化进项目、进标段、进班组。提高从业人员安全意识和避险能力，营造安全文化氛围，促进交通建设行业安全监管水平再上新台阶。

第二节　现行安全生产责任制体系

一、法律责任概念

1. 法律责任的概念

法律责任是行为人实施了违法行为，引起不利于行为人的法律后果，即违法者承担相应的法律责任，要受到法律的相应制裁。

2. 法律责任的特征

法律责任是以违法行为为前提的，行为人只有违反了法律规范，实施了违反行为，才能引起法律后果，承担法律责任。法律责任内容是具体明确的，法律责任必须由有立法权的国家机关根据立法权限依照法定程序制定的有关法律、行政法规、地方性法规或规章来加以明文规定，否则就不能构成法律责任。

法律责任具有国家强制性，只能由国家专门机关或者国家授权的机构，在法律规定的权限范围内对违法行为人实施，通过国家强制力迫使违法行为人接受不利于自己的法律后果，从而保证法律的执行。法律责任以法律制裁为必然后果，违法者承担法律责任，受到法律制裁。

二、法律责任的分类

法律责任分为民事责任、行政责任和刑事责任三种。

（一）民事责任

民事法律责任，是指民事主体违反民事义务而依法应承担的民事法律后果。我国《民法通则》第一百三十四条的规定，承担民事责任的方式主要有：停止侵害；排除妨碍；消除危险；返还财产；恢复原状；赔偿损失；修理、重作、更换；支付违约金；消除影响，恢复名誉；赔礼道歉。

（二）行政责任

行政责任是指由国家行政机关认定的，行为人因违反行政法律规范所应当承担的法律后果。行政责任主要分行政处分和行政处罚两类。

1. 行政处分

是指国家机关、企事业单位、社会团体等根据法律或者内部规章制度的规定，按照隶属关系，对其所

属的工作人员犯有轻微违法失职行为尚不够刑事处分的或者违反内部纪律的一种制裁。根据《中华人民共和国行政监察法》和《国家公务员暂行条例》的规定，对于国家公务员的行政处分的形式包括警告、记过、记大过、降级、撤职、开除等。

2. 行政处罚

行政处罚是指特定的行政执法部门根据法律、法规和规章的规定，对违反行政法律行为尚不构成犯罪或者已构成犯罪尚不够刑事处罚的自然人、法人或者其他组织，实施的一种行政制裁。行政处罚主要有以下几种：

(1)警戒罚。即给予违法行为人以批评、训诫、警告、通报等，使其认识到其违法行为的性质和后果，以免今后再度违反。

(2)财产罚。即给予违法行为人以财产上的惩罚，使其经济上受到损失。财产罚主要包括罚款、没收违法所得、没收非法财物等。

(3)行为罚。即给予违法行为人以剥夺某种行为能力的处罚，使其失去或者暂时失去从事某种行为的权力，以便引起违法行为人的重视，不再实施违法行为。行为罚主要包括责令停产停业、暂扣或者吊销许可证、暂扣或者吊销营业执照、暂停或者取消从业资格等。

(4)人身罚。即给予违法行为人剥夺人身自由的处罚，主要包括行政拘留等。

(5)法律法规规定的其他行政处罚。

(三)刑事责任

刑事责任是指具有刑事责任能力的人实施了刑事法律规范所禁止的行为所必须承担的刑事法律后果。刑事法律规范主要是指刑法和刑法的补充规定。违反刑事法律规范的刑事责任，表现为司法机关对违法行为人因违法造成严重后果触犯刑律、构成犯罪而给予法律制裁，违反建设工程安全生产的违法人员应承担的法律责任。

三、安全生产责任的主体单位

自2004年开始施行的《建设工程安全生产管理条例》对建设工程参与各方及相关方的安全责任有了明确的规定。政府是安全生产的监管主体，企业是安全生产的责任主体。安全生产工作必须建立、落实政府行政首长负责制和企业法定代表人负责制。两个主体、两个负责制相辅相成，共同构成我国安全生产工作基本责任制度。

四、建筑市场各主体单位的安全责任

1. 建设单位的安全责任

建设单位是建设市场的重要责任主体。建设单位按照法律、法规规定拥有确定建设工程项目的规模、功能、外观、使用材料设备，选择勘察、设计、施工、工程监理单位等权利，在工程建设各个环节负责综合管理工作，居于主导地位，是工程建设过程和建设效果的负责方。建设单位应建立健全安全生产的各项规章制度，建立安全生产管理机构，配备专职安全生产管理人员，对重点或关键岗位要落实安全责任负责人。建设单位要对安全生产规章制度执行情况进行定期检查，发现问题及时纠正，把安全生产责任制落到实处，必须严格遵守和执行法律、法规和强制性标准。建设单位的安全责任主要有以下几个方面：

(1)建设单位应当向施工单位提供施工现场及毗邻区域内供水、排水、供电、供气、供热、通信、广播电视等地下管线资料，气象和水文观测资料，相邻建筑物和构筑物、地下工程的有关资料，并保证资料的真实、准确、完整。

(2)执行法律、法规和工程建设强制性标准并遵守合同的约定，不得对勘察、设计、施工、工程监理等单位提出不符合建设工程安全生产法律、法规和强制性标准规定的要求；不得随意压缩合同规定的工期。

(3)提供安全生产费用,在编制工程概算时,应当确定建设工程安全作业环境及安全施工措施所需费用。

(4)在申请领取施工许可证时,要报送有关安全施工的资料,且自开工报告批准之日起 15 日内,将保证安全施工的措施报送建设工程所在地的县级以上地方人民政府交通主管部门或者其他有关部门备案。

(5)不得明示或者暗示施工单位购买、租赁、使用不符合安全施工要求的产品,建设单位不得明示或者暗示施工单位购买、租赁、使用不符合安全施工要求的安全防护用具、机械设备、施工机具及配件、消防设施和器材。

(6)建设单位应当将拆除工程发包给具有相应资质等级的施工单位,且应当在拆除工程施工 15 日前,将下列资料报送建设工程所在地的县级以上地方人民政府有关部门备案:施工单位资质等级证明;拟拆除建筑物、构筑物及可能危及毗邻建筑物的说明;拆除施工组织方案;堆放、清除废弃物的措施。

2.勘察设计单位的安全责任

工程勘察设计是工程施工建设的第一步,是保证建设工程施工安全的重要因素和前提条件。

(1)勘察单位应当按照法律、法规和工程建设强制性标准进行勘察,重视地质环境对安全的影响,提交的勘察文件应当真实、准确,满足公路工程安全生产的需要。

(2)在勘察作业时,应当严格执行操作规程,采取措施保证各类管线、设施和周边建筑物、构筑物的安全,要健全安全生产管理机构,配备专职安全生产管理人员,对重点或关键岗位要落实安全生产负责人,要对安全生产规章制度和技术标准执行情况进行定期检查,发现问题及时纠正,把安全生产责任制落到实处,保护作业人员的安全。

(3)设计单位应当按照法律、法规和工程建设强制性标准进行设计,应当考虑施工安全操作和防护的需要,对涉及施工安全的重点部位和环节,在设计文件中注明,并对防范生产安全事故提出指导意见,防止因设计不合理导致安全生产隐患或者安全生产事故的发生。

(4)设计单位应当对采用新结构、新材料、新设备、新工艺的建设工程和特殊结构的建设工程,在设计中提出保障施工作业人员安全和预防生产安全事故的措施建议。

3.工程监理单位的安全责任

安全监理是工程建设监理的重要组成部分,也是建设工程安全管理的重要保障。安全监理的实施,是提高施工现场安全管理的有效方法,也是建设工程项目管理体制改革中加强安全管理,控制重大伤亡事故的一种新模式。

(1)工程监理单位应当审查施工组织设计中的安全技术措施或者专项施工方案是否符合工程建设强制性标准。

(2)工程监理单位在实施监理过程中,发现存在安全事故隐患的,应当要求施工单位整改;情况严重的,应当要求施工单位暂时停止施工,并及时报告建设单位。施工单位拒不整改或者不停止施工的,工程监理单位应当及时向有关主管部门报告。

(3)工程监理单位和监理工程师应当按照法律、法规和工程建设强制性标准实施监理,并对建设工程安全生产承担监理责任。

(4)根据《建设工程安全生产管理条例》的规定、监理单位应建立以下 5 项安全管理制度:一是安全技术措施审查制度;二是专项施工方案审查制度;三是安全隐患处理制度;四是严重安全隐患报告制度;五是按照法律法规与强制性标准实施监理制度。

4.施工单位的安全责任

(1)施工单位在建设工程安全生产中处于核心地位,施工单位主要负责人依法对本单位的安全生产工作全面负责,施工单位的项目负责人应当由取得相应执业资格的人员担任。

(2)施工单位必须建立企业安全生产管理机构和配备专职安全管理人员,应当在施工前向作业班组和人员作出安全施工技术要求的详细说明。

(3)施工单位应对因施工可能造成损害的毗邻建筑物、构筑物和地下管线采取专项防护措施。

(4)施工单位应当向作业人员提供安全防护用具和安全防护服装并书面告知危险岗位操作规程。《建设工程安全生产管理条例》还对施工现场安全警示标志的使用、作业和生活环境标准等作了明确规定。

(5)施工单位应当具备的安全生产资质条件。施工单位从事建设工程的新建、扩建、改建和拆除等活动,应当具备国家规定的注册资本、专业技术人员、技术装备和安全生产等条件,依法取得相应等级的资质证书,并在其资质等级许可的范围内承揽工程。

(6)施工单位的安全生产责任制度。施工单位主要负责人依法对本单位的安全生产工作全面负责。施工单位应当建立健全安全生产责任制度和安全生产教育培训制度,制订安全生产规章制度和操作规程,保证本单位安全生产所需资金的投入,对所承担的建设工程进行定期和专项安全检查,并做好安全检查记录。发生事故时,应及时如实报告事故。

第三节　现行安全生产基本保障规定

一、安全施工一般规定

1.安全生产费用专款专用规定

施工单位对列入建设工程概算的安全作业环境及安全施工措施所需费用,应当用于施工安全防护用具及设施的采购和更新、安全施工措施的落实、安全生产条件的改善,不得挪作他用。《公路水运工程安全生产监督管理办法》(2007 年交通部第 1 号令)明确规定,施工单位在工程报价中应当包含安全生产费用,一般不得低于投标价的 1%,且不得作为竞争性报价。

2.设置安全生产管理机构及人员规定

安全生产管理机构及人员的设置。施工单位应当设立安全生产管理机构,配备专职安全生产管理人员,专职安全生产管理人员负责对安全生产进行现场监督检查。《公路水运工程安全生产监督管理办法》明确规定,施工现场应当按照每 5000 万元合同金额配 1 名安全员的比例,配备专职安全管理人员。

3.编制专项安全方案规定

编制安全技术措施及专项施工方案的规定。施工单位应当在施工组织设计中编制安全技术措施和施工现场临时用电方案,对达到一定规模的危险性较大的分部分项工程编制专项施工方案,施工时应有专职安全生产管理人员进行现场监督。应该编制安全专项方案的施工项目主要有:

(1)不良地质条件下有潜在危险的土方、石方开挖。

(2)滑坡和高边坡处理。

(3)爆破工程。

(4)桩基础、挡墙基础、深水基础及围堰工程。

(5)桥梁工程中的梁、拱、柱等构件施工。

(6)隧道工程中不良地质隧道、高瓦斯隧道,水底海底隧道等。

(7)水上工程中的打桩船作业、施工船作业、外海孤岛作业、边通航边施工作业等;水下工程中的水下焊接、混凝土浇筑、爆破工程等。

(8)大型临时工程中的大型支架、模板、便桥的架设与拆除,桥梁、码头的加固与拆除工程。

(9)大型吊装设备的架设和拆除工程。

(10)其他危险性较大的工程。

必要时,施工单位对前款所列工程的专项施工方案还应当组织专家进行论证、审查。

4.安全施工技术交底规定

进行安全施工技术交底。工程施工前,施工单位负责项目管理的技术人员应当对有关安全施工的技术要求向施工作业班组、作业人员作出详细说明,并由双方签字确认。

5.安全警示标志的设置规定

施工单位应当在施工现场出入口或者沿线各交叉口、施工起重机械、拌和场,临时用电设施、爆破物及有害危险气体和液体存放处以及孔洞口、隧道口、基坑边沿、脚手架、码头边沿、桥梁边沿等危险部位,设置明显的安全警示标志或者必要的安全防护设施。

6.施工现场办公区、生活区与作业区设置要求

施工单位应当将施工现场的办公区、生活区与作业区分开设置,并保持安全距离;办公区、生活区的选址应当符合安全性要求。职工的膳食、饮水、休息场所等应当符合卫生标准。施工单位不得在尚未竣工的建筑物内设置员工宿舍。

7.环境污染防护措施规定

施工单位对因建设工程施工可能造成损害的毗邻建筑物、构筑物和地下管线等,应当采取专项防护措施。施工单位应当遵守有关环境保护法律、法规的规定,在施工现场采取措施,防止或者减少粉尘、废气、废水、固体废弃物、噪声、振动和施工照明对人和环境的危害与污染。在城市市区内的建设工程,施工单位应当对施工现场实行封闭围挡。

8.消防安全保障措施规定

施工单位应当在施工现场建立消防安全责任制度,确定消防安全责任人,制订用火、用电、使用易燃易爆材料等各项消防安全管理制度和操作规程,设置消防通道、消防水源,配备消防设施和灭火器材,并在施工现场入口处设置明显消防标志。

9.劳动安全管理规定

施工单位应当向作业人员提供安全防护用具和安全防护服装,并书面告知危险岗位的操作规程和违章操作的危害。作业人员有权对施工现场的作业条件、作业程序和作业方式中存在的安全问题提出批评、检举和控告,有权拒绝违章指挥和强令冒险作业。

在施工中发生危及人身安全的紧急情况时,作业人员有权立即停止作业或者在采取必要的应急措施后撤离危险区域。作业人员应当遵守安全施工的强制性标准、规章制度和操作规程,正确使用安全防护用具、机械设备等。

施工单位应当为施工现场从事危险作业的人员办理意外伤害保险,意外伤害保险费由施工单位支付。实行施工总承包的,由总施工单位支付意外伤害保险费。意外伤害保险期限自建设工程开工之日起至竣工验收合格止。

10.安全防护用具、机械设备、施工机具的安全管理

(1)施工单位采购、租赁的安全防护用具、机械设备、施工机具及配件,应当具有生产(制造)许可证、产品合格证,并在进入施工现场前进行查验。施工现场的安全防护用具、机械设备、施工机具及配件必须由专人管理,定期进行检查、维修和保养,建立相应的资料档案,并按照国家有关规定及时报废。

(2)施工单位在使用施工起重机械和整体提升式脚手架、滑模爬模、架桥机等自行式架设施在进入实际作业前,应当组织有关单位进行验收,也可以委托具有相应资质的检验检测机构进行验收;使用承租的机械设备和施工机具及配件的,由承租单位、出租单位和安装单位共同进行验收。验收合格的方可使用。

(3)《特种设备安全监察条例》规定特种设备出厂时,应当附有安全技术规范要求的设计文件、产品

质量合格证明、安装及使用维修说明、监督检验证明等文件。特种设备投入使用前,使用单位应当核对其是否附有上述的相关文件。

(4)施工单位应当自施工起重机械和整体提升式脚手架、滑模爬模、架桥机等自行式架设设施验收合格后30日内,向当地交通主管部门登记。登记标志应当置于或者附着于该设备的显著位置。

二、施工总承包单位、分包单位安全责任的划分

建设工程实行施工总承包的,由总承包单位对施工现场的安全生产负总责,不仅应对总包施工的项目安全负责,还应对分包工程的安全负责。

总承包单位应当自行完成建设工程主体结构的施工,依法将建设工程分包给其他单位的,分包合同中应当明确各自的安全生产方面的权利与义务。总施工单位和分包单位对分包工程的安全生产承担连带责任。分包单位应当服从总施工单位的安全生产管理,分包单位不服从管理导致生产安全事故的,由分包单位承担主要责任。

三、安全教育培训制度

1.特种作业人员培训与上岗

垂直运输机械作业人员、施工船舶作业人员、爆破作业人员、安装拆卸工、起重信号工、电工、焊工等国家规定的特种作业人员,必须按照国家有关规定经过专门的安全作业培训,并取得特种作业操作资格证书后,方可上岗作业。

2.安全管理人员、作业人员的安全教育和考核

施工单位的主要负责人、项目负责人、专职安全生产管理人员,应当经有关部门考核合格后方可任职。施工单位应当对管理人员和作业人员进行每年不少于两次安全生产教育培训,其教育培训情况记入个人工作档案。安全生产教育培训考核不合格的人员,不得上岗。

3.作业人员进入新岗位、新工地或采用新技术时的上岗教育培训

新进人员和作业人员进入新的岗位或者新的施工现场前,应当接受安全生产教育培训。

施工单位在采用新技术、新工艺、新设备、新材料时,应当对作业人员进行相应的安全生产教育培训。未经安全生产教育培训或者教育培训考核不合格的人员,不得上岗作业。

第四章 施工项目部安全管理体系和安全生产职责

第一节 项目部安全组织机构

一、项目部施工组织机构

项目部施工组织机构框图，如图 4-1 所示。

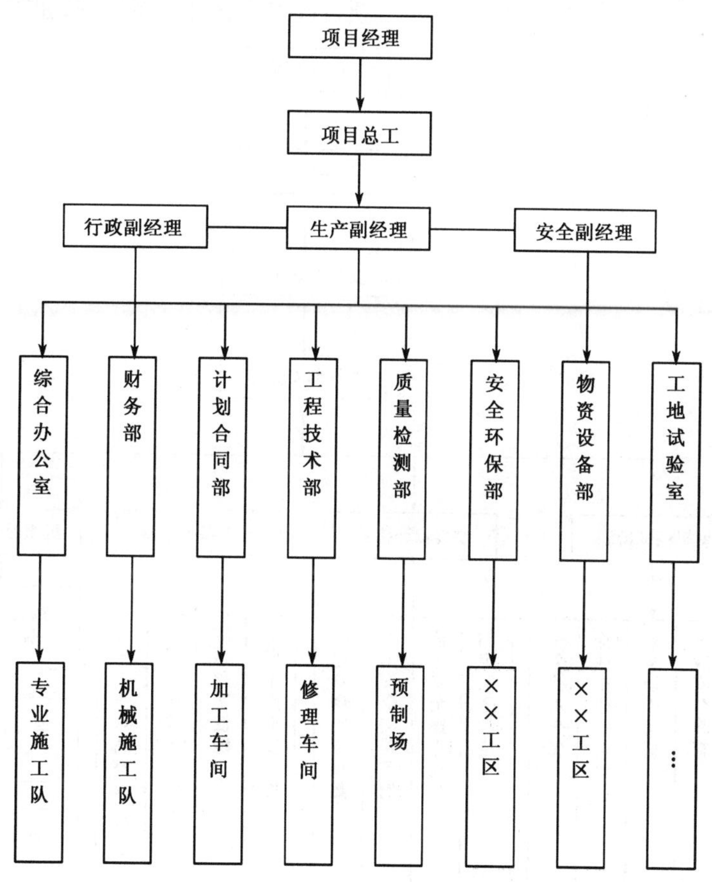

图 4-1 项目部施工组织机构框图

二、项目施工安全目标

安全管理首先应该订立安全管理目标，安全管理目标应包含以下内容：

(1)事故次数控制。特大事故、重大事故、较大事故、一般事故各控制在多少次内，并按照国家关于事故分级的规定进行说明。

(2)人员伤亡率和经济损失指标控制。规定人员伤亡率控制指标，按参加施工人数规定不超过千分之几，经济损失数额说明不超过多少。

(3)职工健康保证条件和职工例行身体健康查检规定说明。

(4)定期对从事有害作业人员进行健康检查说明，职业病防治说明。

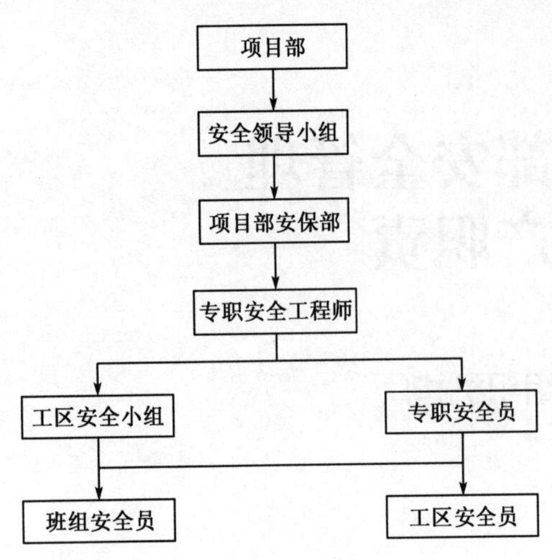

图 4-2　安全组织机构框图

三、项目部安全组织机构

1.建立安全领导小组

项目经理任组长，分管安全副经理(或分管生产副经理)任副组长，成员有项目总工，其他副经理，各部门负责人，专职安全工程师，工区长等。

2.安全组织机构框图

安全组织机构框图，如图 4-2 所示。

四、项目部安全管理体系设计

项目部安全管理体系框图，如图 4-3 所示。

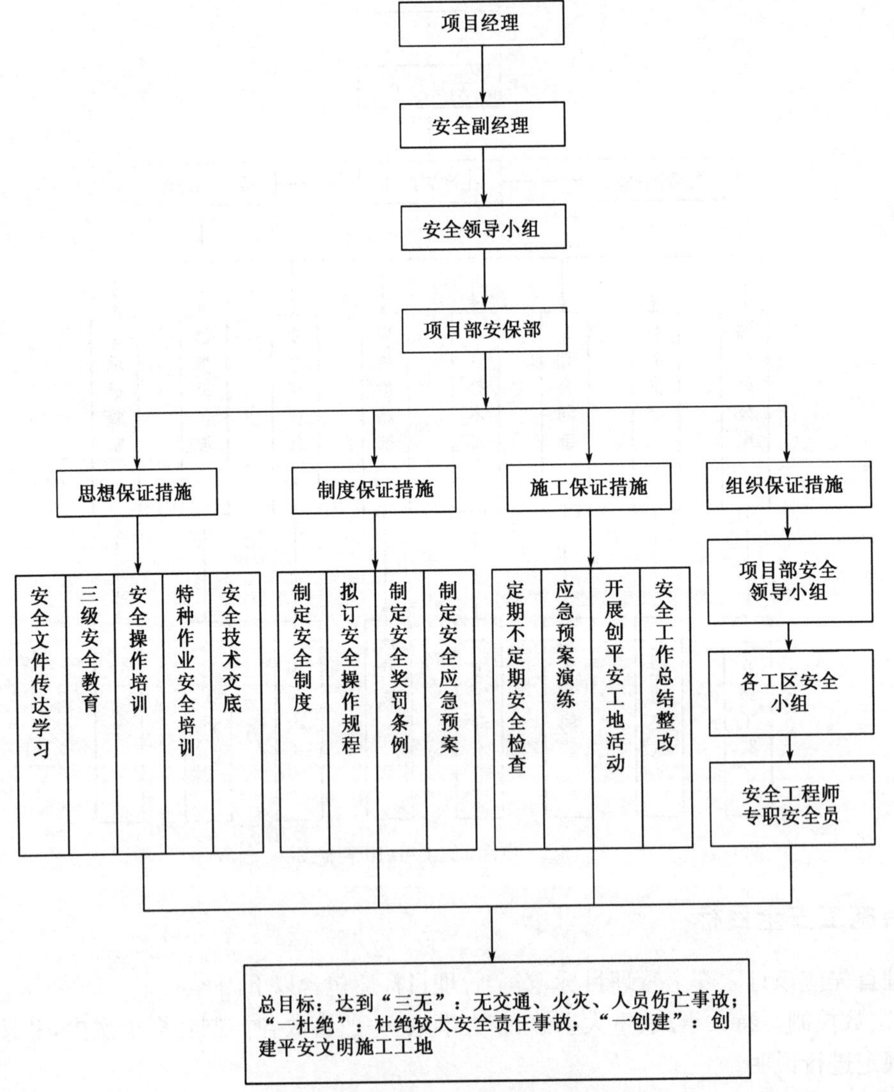

图 4-3　项目部安全管理体系框图

五、项目安全施工管理程序

项目安全施工管理程序框图，如图 4-4 所示。

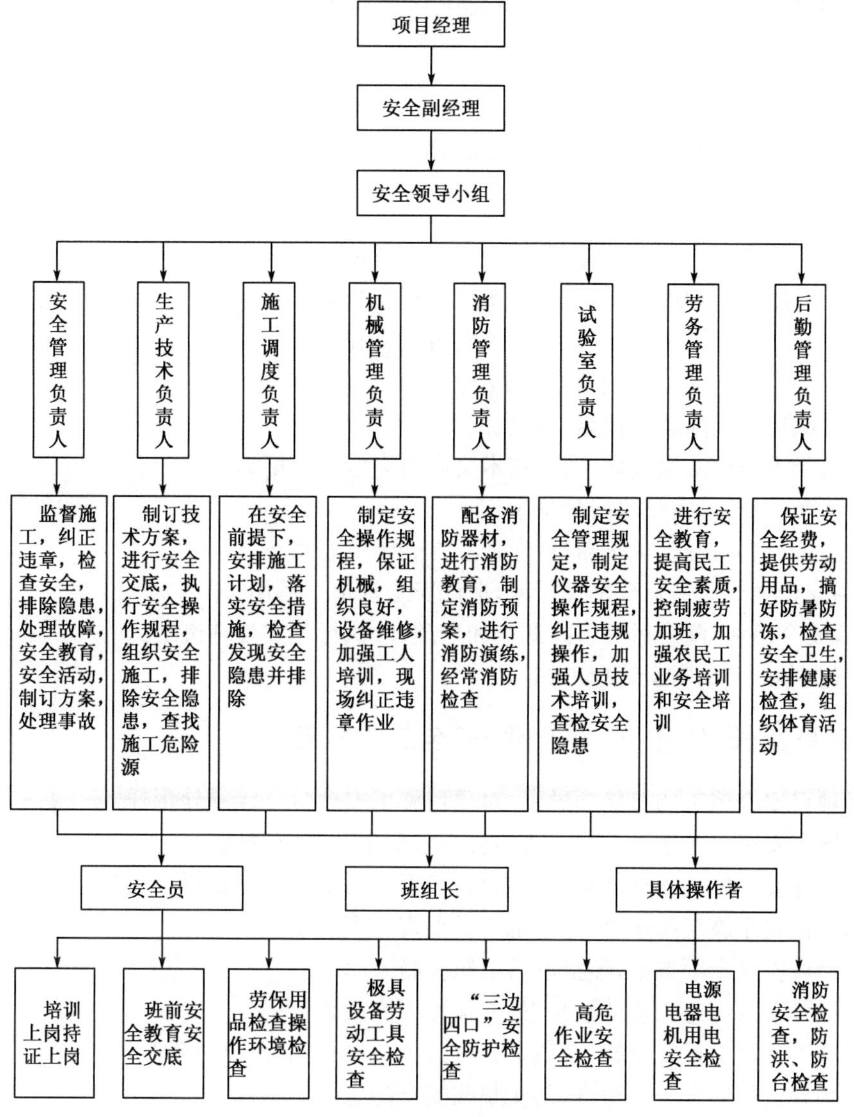

图 4-4　安全施工管理程序框图

第二节　项目部领导层安全管理工作职责

一、安全领导小组工作职责

(1)在项目经理的领导下，贯彻执行上级有关安全生产、劳动保护法律法规。

(2)领导制订安全施工组织设计，经批准后负责组织实施。

(3)领导制订安全专项方案，经批准后组织实施。

(4)领导制订事故应急抢险救援预案，并演练。

(5)组织监督、督促各工区、班组制定并落实安全生产保障措施。

(6)负责职工安全教育，新工人岗前培训、工人新岗位安全教育工作。

(7)组织各种形式的安全生产检查，督促安全隐患整改。

(8)负责分项、分部工程开工前的安全技术交底，竣工后安全生产总结。
(9)做好防汛、防台风、防冻保暖、防暑降温工作。
(10)组织事故的抢险救援、事后调查处理。执行上级对事故的处理决定。
(11)及时总结表扬安全生产、文明施工中好人好事，宣传安全生产知识。
(12)建立安全档案，收集安全生产方面的信息。
(13)完成上级交办的其他工作。

二、安全小组组长(项目经理)安全工作职责

(1)安全小组组长是项目施工安全第一责任人，对项目安全负全面领导责任。
(2)贯彻落实国家安全生产法律、法规和公司安全生产规章制度。
(3)领导项目安全施工管理体系有效运转，实现项目安全生产目标。
(4)组织制订安全施工组织设计，经批准后负责组织实施。
(5)组织制订安全专项方案，经批准后组织实施。
(6)领导制订事故应急抢险救援预案，并演练。
(7)组织项目各类人员的安全教育、安全技术交底与岗位安全培训。
(8)组织安全生产检查，落实整改安全隐患。
(9)管理安全设备、消防设施、救护器材，保证经常处于完好状态。
(10)负责项目安全生产所需资金足额投入，保证安全资金不挪用。
(11)组织处理安全事故，配合做好事故调查和处理，并执行落实处理决定。
(12)完成上级交办的其他安全管理工作。

三、安全小组副组长(分管安全副经理)安全工作职责

(1)副组长是项目安全施工的直接领导者，对项目施工安全负直接领导责任。
(2)贯彻执行国家安全生产法律、法规，落实公司安全生产规章制度。
(3)协助组织领导安全施工管理体系有效运转，实现项目安全生产目标。
(4)具体组织制订安全施工组织设计，经批准后负责组织实施。
(5)具体组织制订安全专项方案，经批准后组织实施。
(6)具体组织制订事故应急抢险救援预案，并负责组织演练。
(7)组织项目各类人员进行安全教育，负责安全技术交底和岗位安全培训。
(8)具体组织领导进行安全生产检查，落实整改安全隐患。
(9)负责管理安全设备、消防设施、救护器材，保证经常处于完好状态。
(10)组织处理安全事故，配合做好事故调查和处理，并执行落实处理决定。
(11)完成上级交办的其他安全管理工作。

四、项目党支部书记安全工作职责

(1)发挥党支部战斗堡垒作用，为项目施工安全管理提供政治思想保证。
(2)贯彻国家安全政策方针，保证公司安全管理制度执行落实。
(3)抓紧项目部员工的安全思想教育，提高员工的安全意识。
(4)从思想上、组织上、政治上支持项目经理抓好安全施工。
(5)支持各级干部管好安全施工，督促、协助整改安全隐患。
(6)参与项目安全事故处理。保证事故处理公正、公平、合理、透明。
(7)参加各种安全检查和安全活动。
(8)完成领导交办的其他安全方面工作。

五、项目总工程师安全工作职责

(1)项目总工是项目的技术总负责人,对项目施工安全负有技术责任。
(2)贯彻落实安全生产方针、政策,严格执行安全技术规程、规范、标准。
(3)审查批准符合安全要求的施工方案和施工技术设计,并指导监督执行。
(4)协助审查批准项目工程的安全技术交底文件和安全施工指导书。
(5)协助审查批准安全专项方案、大型或特种设备的安拆方案。
(6)协助审查批准事故抢险救援应急预案,并参与指导预案演练。
(7)指导安全事故的抢险救援,研究确定抢险技术措施并指导实施。
(8)参与组织安全生产检查,提出安全隐患的技术整改办法。
(9)从技术角度保证推广"四新活动"的安全性。
(10)协助项目经理,做好项目施工安全的其他工作。

六、项目生产副经理安全工作职责

(1)生产副经理是本项目施工组织者,对施工安全负有一定领导责任。
(2)参与制订符合安全要求的施工组织设计和施工方案,并指导监督执行。
(3)参与制订项目工程的安全技术交底文件和安全施工指导书。
(4)参与制订安全专项方案、大型或特种设备的安拆方案。
(5)参与制订事故抢险救援应急预案,并协助指导预案演练。
(6)督促安全人员加强施工安全管理,随时检查整改施工现场安全隐患。
(7)组织、参与定期安全检查,督促施工安全状况的持续整改和完善。
(8)组织职工教育,提高职工安全意识和自我保护能力。
(9)协调各分包队伍间、工区间、工种间的施工安全配合。
(10)组织指挥安全事故抢险救援,协助调查处理,落实整改措施。
(11)协助项目经理,做好项目施工安全的其他工作。

七、项目行政副经理安全工作职责

(1)行政副经理是本项目行政管理负责人,有协助项目安全管理的责任。
(2)参与制订安全专项方案,拟定安全专项方案的行政措施。
(3)参与制订事故抢险救援应急预案,提供抢险救援后勤保障。
(4)负责防暑降温,防寒防冻、防台风、防洪水的后勤保证。
(5)协助加强安全管理,保证劳保设施、劳保用品供应。
(6)参与定期安全检查,协助施工安全状况的持续整改和完善。
(7)参与组织职工教育,为职工安全教育提供物质保障。
(8)负责项目部驻地和各分包队伍、各工区驻地的安全管理和消防管理。
(9)协助组织安全事故抢险救援,协助安全事故的调查处理。
(10)配合项目经理,做好项目施工安全的其他工作。

八、项目工会主席安全工作职责

(1)工会组织应重视安全管理,抓好安全是工会主席日常工作的重要内容。
(2)组织职工安全教育,提高职工安全意识和自我保护能力。
(3)参与制订事故抢险救援应急预案,组织职工参加抢险救援。
(4)以施工安全为主题,组织职工开展多种安全教育活动。

(5)加强职工生活管理,防止发生职工生活安全事故。
(6)参与定期安全检查,着重视对职工安全行为进行监督检查。
(7)协助搞好项目部驻地、各工区、各民工队伍驻场的安全管理。
(8)协助项目经理,做好项目施工安全的其他工作。

第三节　项目部各部门安全工作职责

一、安全环保部工作职责

(1)安保部是项目安全的主抓部门,是项目安全的直接责任部门。
(2)负责贯彻落实上级机关和项目部各项安全制度,搞好日常安全管理。
(3)深入施工现场,掌握安全动态,检查安全措施,纠正现场安全违章。
(4)组织安全活动,定期安全检查,整改安全隐患,改善施工安全环境。
(5)参加编制施工组织设计,制订施工组织设计的安全方案。
(6)制订安全专项方案和事故抢险救援应急预案,落实预案演练。
(7)加强安全设备,消防设备、劳保用品使用管理。
(8)负责大型机械设备进场施工管理和大型机械设备的档案管理。
(9)负责职员安全教育,新工人、特种作业人员安全教育,资证管理。
(10)发生事故后,维护现场,积极施救,及时报告,参加事故调查、处理。
(11)管好项目安全资料、安全资证,安全档案,按时报送安全报表。
(12)完成领导交办的其他工作。

二、综合办公室安全工作职责

(1)将安全教育纳入职工培训教育计划,落实职工安全技术培训。
(2)协助管理职工安全教育、新工人安全教育和安全考核。
(3)负责项目部驻地安全防卫管理,负责职工生活安全管理。
(4)负责职工安排职工身体检查,职工职业病检查,做好职业病预防工作。
(5)负责职工防暑降温、防寒防冻管理,负责生活居住区的用电、用火安全。
(6)管好项目部职工食堂,搞好饮食卫生,预防疾病和食物中毒的发生。
(7)定期组织项目部驻地和各工区驻场,包括农民工驻地的安全检查。
(8)负责项目部工作生活用车的安全管理。
(9)负责项目部职工食堂的安全、卫生管理。
(10)完成领导交办的其他安全管理工作。

三、工程技术部安全工作职责

(1)安全管理是工程技术管理的一项重要内容,管生产必须管安全。
(2)贯彻执行国家政策、法令和安全操作规程,保证施工技术符合安全标准。
(3)编制施工组织设计时,必须完善施工安全管理体系和安全管理措施。
(4)协助编制安全专项方案并在施工中贯彻落实。
(5)在进行施工技术的同时,必须同时进行安全技术交底。
(6)督促本部门全体人员在施工各环节中贯彻落实各项安全管理规定。
(7)协助安全部门执行现场管理,查处现场违规行为。
(8)参与安全检查,参加事故调查,分析事故的技术原因,提出防止措施。

(9)完成领导交办的其他安全管理工作。

四、计划合同部安全工作职责

(1)计划合同管理,必须贯彻安全管理的各项规定。
(2)工程费用计量,必须同时完成安全费用计量。
(3)深入施工现场,掌握安全管理动态,保证并监督安全费用使用到位。
(4)协助对各种安全设施采购招标和使用管理。
(5)工程变更时,负责提出变更工程的安全评估和安全费用预算。
(6)负责与分包队伍签订安全生产合同。
(7)参与施工安全检查,参与事故调查处理。
(8)完成领导交办的其他安全管理工作。

五、物资设备部安全工作职责

(1)负责所有施工机械设备安的全管理,定期进行检修、检查。
(2)负责所有机械设备的资料档案管理,尤其是机械安全资料管理。
(3)制订专业安全技术培训计划,组织安全操作技术操作交底。
(4)加强特种作业人员管理,杜绝无证驾驶,无证操作。
(5)参加安全专项方案的制订和会审,保证机械设备满足专项方案要求。
(6)加强安全器材、劳保用品的采购、使用管理并监督使用。
(7)加强施工材料,器材物品的保管储存,标识齐全,保证安全。
(8)加强危险物品,易燃易爆物品管理,保证安全。
(9)完成领导交办的其他安全管理工作。

六、财务部安全工作职责

(1)执行财经纪律,保证安全费用专款专用,并监督检查执行情况。
(2)制订财务部门的安全管理规定,保证自身财务工作安全。
(3)建立安全费用专门账户,编制安全经费报表。
(4)编制安全经费使用计划,协助筹措安全费用。
(5)保证分包单位和农民工的安全费用及时落实到位。
(6)协助安全主管部门办理安全奖、罚款的手续。
(7)参加安全事故调查处理,保证事故处理费用及时供应。
(8)完成领导交办的其他安全管理工作。

七、工地试验室安全工作职责

(1)坚持工作方针,建立安全制度,加强安全教育,提高试验安全水平。
(2)工地试验室安全管理责任到人,保证试验安全,签订责任状。
(3)制订各专业试验室的安全试验操作规定和操作规程并监督执行。
(4)做好日常安全工作记录,及时排除安全隐患,及时反映问题。
(5)建立消防安全系统,经常检查消防设备是否完善。
(6)加强水、电管理,不超负荷用电,严禁非电工进行电工操作。
(7)禁止乱接、乱拉电线和随意在线路上增加用电设备。
(8)加强对易燃易爆、剧毒品的使用和管理。
(9)加强各种化学品管理,按规定存放,经常检查库存情况。

(10)参加安全事故处理,为事故分析提供真实有效数据。
(11)完成领导交办的其他安全管理工作。

第四节　项目部各级管理人员安全工作职责

一、安全工程师工作职责

(1)安全工程师是项目部安全专管人员,是项目安全施工直接责任人之一。
(2)协助项目领导,做好安全法律法规、规章制度贯彻落实,并检查监督。
(3)制订安全专项方案、安全管理细则,经批准后落实执行并检查。
(4)深入施工现场,布置现场安全设施、安全标志,查处现场“三违作业”。
(5)查找、处理现场事故隐患,制订整改方案,已审批后监督执行落实。
(6)组织做好对现场人员的安全教育、培训与考核工作。
(7)监督现场具有较大危险源的施工活动,做好安全记录。
(8)管好易燃、易爆、有毒等危险品,建立有关管理台账。
(9)做好安保器材、消防器材、急救器材、劳保用品的使用管理。
(10)事故发生后,保护现场,及时报告,积极施救,参与事故调查处理。
(11)完成领导交办的安全管理其他工作。

二、专职安全员工作职责

(1)协助安全工程师实施项目施工安全管理,对施工现场安全负责。
(2)布置现场安全设施、安全标志,并进行维护管理。
(3)参与制订安全专项方案、安全管理细则,经批准后落实执行并检查。
(4)做好安全记录,填写安全日志,建立、健全安全管理台账。
(5)参与职工安全培训,安全技术交底,参加安全会议。
(6)巡视施工现场,查找施工隐患,纠正和查处“三违作业”。
(7)实施对重点风险部位的安全监控,落实各项管理办法和措施。
(8)协助管好易燃、易爆、有毒等危险品,建立有关管理台账。
(9)协助做好安保器材、消防器材、急救器材、劳保用品的使用管理。
(10)事故发生后,保护现场,及时报告,积极施救,参与事故调查处理。
(11)完成领导交办的安全管理其他工作。

三、各专业工程师安全职责

(1)执行安全施工管理规定,对本专业施工的安全负有直接管理责任。
(2)落实安全操作规程,负责本专业安全技术交底。
(3)在进行技术管理同时,注重施工安全管理,发现问题及时纠正解决。
(4)强化对重点、特殊部位施工的安全管理,落实安全技术措施。
(5)接受安保部门安全监督管理,及时解决安保部门检查发现的安全隐患。
(6)在推广“四新”活动中,严格执行申报、审批制度,保证安全。
(7)事故发生后,协助保护现场,积极施救,参与事故调查处理。
(8)完成领导交办的安全管理其他工作。

四、现场施工员安全职责

(1)施工员也是安全监督员,管理施工必须兼管安全,对施工现场安全负责。

(2)监督生产人员遵守操作规程,制止和纠正现场"三违"作业。
(3)发现安全隐患及时汇报并整改。
(4)在记录施工日志的同时,应记明施工安全情况。
(5)积极参加施工安全事故抢险救援,协助搞好事故调查处理。
(6)完成领导交办的安全管理其他工作。

五、机械管理人员安全职责

(1)负责项目所有机械设备的使用管理和安全管理。
(2)建立、健全机械设备安全档案,做好机械设备安全检查、维修、保养。
(3)建立租赁机械设备安全管理规定,督促租赁单位做好设备安全管理。
(4)参加安全技术交底,向操作人员说明机械设备安全运行规定。
(5)深入施工现场,检查落实机械设备的安全使用情况。
(6)调配机械设备协助事故抢险救援。
(7)完成领导交办的安全管理其他工作。

六、工区长(队长)安全职责

(1)执行安全生产法律法规、安全管理规章制度,对工区安全施工全面负责。
(2)领导和督促班前安全活动、班后安全总结,落实安全操作规程。
(3)组织安全知识学习,提高班组人员安全意识,提高安全自保能力。
(4)督促班组人员坚持正确使用个人劳动保护用品,纠正习惯违章。
(5)进行现场安全巡查,发现安全隐患及时整改,或报告有关部门处理。
(6)强化对重点、特殊部位施工的安全管理,落实安全技术措施。
(7)事故发生后,保护现场,及时报告,积极施救,参与事故调查处理。
(8)完成领导交办的安全管理其他工作。

七、工班长安全工作职责

(1)执行安全生产法律法规、安全管理规章制度,对本班的安全施工全面负责。
(2)主持组织班前安全活动、班后安全总结,落实安全操作规程。
(3)组织班组安全知识学习,提高班组人员安全意识,提高安全自保能力。
(4)督促班组人员坚持正确使用个人劳动保护用品,纠正习惯违章。
(5)做好新工人的岗前安全教育与培训,加强新工人安全管理。
(6)巡查本班施工现场安全,发现安全隐患及时整改,或报告有关部门处理。
(7)强化本班施工重点、特殊部位的安全管理,落实安全技术措施。
(8)事故发生后,保护现场,及时报告,积极施救,参与事故调查处理。
(9)完成领导交办的安全管理其他工作。

第五节　操作手、生产工人安全责任

一、试验员安全工作责任

(1)试验员必须熟悉本职工作的各项安全要求,遵守各项安全管理制度。
(2)使用有毒有害物品、酒精、汽油、香蕉水等物品时,严守操作规程。
(3)定期保养仪器设备,保证所用仪器设备经常处于完好安全状态。

(4)遵守试验纪律,服从安全监管,不在试验现场做违反规定的任何事情。
(5)逐日填写安全日记,真实记录试验室安全运转情况。
(6)排除安全隐患,及时整改或报告相关部门。
(7)正确掌握安全设备使用知识,经常检查试验室安全消防设备的完善情况。
(8)事故发生后,保护现场,积极施救,及时上报。

二、作业组长安全工作职责

(1)执行安全生产法律法规、安全管理规章制度,对本组安全施工负责。
(2)坚持作业前安全活动、作业后安全总结,落实安全操作规程。
(3)组织安全知识学习,提高作业组人员安全意识,提高安全自保能力。
(4)做好新工人的操作前安全教育与培训,加强新工人安全管理。
(5)督促作业组人员坚持正确使用个人劳动保护用品,纠正习惯违章。
(6)注重每个施工环节安全,带头搞好安全作业示范操作。
(7)注意发现安全隐患及时整改,或报告有关部门处理。
(8)强化对重点、特殊工序的安全管理,落实安全技术措施。
(9)事故发生后,保护现场,及时报告,积极施救,参与事故调查处理。
(10)完成领导交办的安全管理其他工作。

三、生产工人、操作手安全责任

(1)严格执行国家安全生产法律法规,严格执行各级安全管理规定。
(2)自觉遵守现场安全生产规章制度,执行安全技术交底和安全规定。
(3)遵守安全操作规程,做到不伤害他人,不被他人伤害。
(4)服从安全监督人员的指导,积极参加安全教育和安全活动。
(5)坚持使用安全设施,保持安全设施完好,自觉佩戴安全防护用品。
(6)积极参加安全活动,及时处理不安全因素或反映。
(7)爱护机具用具,经常进行维修保养,使之经常处于完好状态。
(8)听众指挥,积极参加事故抢险救援。
(9)完成领导交办的其他安全管理工作。

四、特种作业工人安全生产责任

(1)严格执行国家安全生产法律法规,严格执行各级安全管理规定。
(2)自觉遵守现场安全生产规章制度,执行安全技术交底和安全规定。
(3)遵守安全操作规程,做到不伤害他人,不被他人伤害。
(4)服从安全监督人员的指导,积极参加安全教育和安全活动。
(5)坚持使用安全设施,保持安全设施完好,自觉佩戴安全防护用品。
(6)积极参加安全活动,及时处理不安全因素或反映。
(7)爱护机具用具,经常进行维修保养,使之经常处于完好状态。
(8)持证上岗,不将本岗业务交他人操作,不串岗操作非本岗业务。
(9)听从指挥,积极参加事故抢险救援。
(10)完成领导交办的其他安全管理工作。

第五章　施工项目部安全管理制度

第一节　安全会议制度

一、订立安全会议制度的目的

工程施工安全必须常抓不懈，为加强对各施工队安全工作的监督、组织、领导，强化施工现场管理，预防各类事故的发生，应把召开不同形式的安全会议，形成制度化，某些形式的安全会议应定期召开，遇有施工安全管理需要时，安全会议也应该不定期及时召开。

二、安全会议的形式与内容

1.安全会议的形式

(1)安全生产动员会。在项目开始施工之前，或在一个阶段性施工之前，应召开安全生产动员会。

(2)周安全检查总结会，月安全检查总结会。在施工过程中，将周安全检查和月安全检查形成制度化，每次检查后都应召开一次检查总结会。

(3)专题安全会议。预见有重大安全问题发生，重点难点关键施工项目即将开始，施工中突然遇到重大安全隐患，项目部都应该立即召开专题安全会议。

(4)班前安全交底会等。每天施工之前或一项新的施工内容开展之前，班组都应该在开始操作时，召开班前会议，由班组长或现场施工员对施工注意事项进行专门讲解和布置。

2.安全会议的内容

(1)安全生产动员会一般都是在年初、施工任务正式展开之初召开。主要内容有：传达学习国家和省市各级政府关于安全生产的有关文件，布置安全施工工作安排，下达安全生产任务，提出总体安全生产目标和阶段性安全生产要求。

(2)周和月安全检查总结会的主要内容有：

①传达上级部门、业主或监理的安全施工文件或指令。

②听取各工区、各部门关于安全施工情况的汇报。

③对检查中发现的“三违”及事故隐患排查情况、本月(或本周)安全质量的自检情况通报。

④对下月(或下周)安全工作做出安排部署。

⑤其他安全问题研究等。

(3)专题安全会议的主要内容包括：

①预计有重大安全问题发生，如台风来临，洪水暴发等情况发生，提前对安全工作进行部署安排。

②具有高危险性的重大项目施工，在施工前对施工安全问题进行专门研究，制订安全专项方案。

③对存在重大安全隐患的施工区域专题会议研究整改方案，布置安全整改措施的落实执行。

④其他重大安全问题的研究或项目部认为有必要召开时。

(4)班前会议的内容主要有：说明本项工作的施工程序，操作要领，质量要求，安全注意事项等。应该强调的是:班前会议它不仅是一次必要的生产会,而且它也是一次非常重要的安全会议。

第二节　安全教育培训制度

一、安全教育培训的目的与要求

公路工程施工安全必须常抓不懈,为了提高项目的安全管理水平和全员的安全意识,强化施工安全管理,预防各类事故发生,应把不同形式的安全培训形成制度化、规范化,应该把对公司和项目的全员安全教育培训列为日常工作的头等大事之一。参与项目施工的人员,必须定期接受安全培训教育,坚持实行先培训、后上岗的制度。

二、安全教育培训对象

(1)参与项目施工的全体人员。

(2)待、转、换岗重新上岗人员。

(3)新工人和农民工。

(4)特种作业人员。

以上4种人员应分别进行不同形式和不同内容的安全教育和培训。

三、安全教育培训时间要求

根据建设部"建教[1997]83号文件印发的《建筑企业职工安全培训教育暂行规定》"的要求,具体为:

(1)企业法人代表、项目经理,每年不少于30学时。

(2)专职安全管理和技术人员,每年不少于40学时。

(3)其他管理和技术人员,每年不少于20学时。

(4)特殊工种,每年不少于20学时。

(5)其他职工,每年不少于15学时。

(6)待、转、换岗重新上岗前,接受一次不少于20学时的培训。

(7)新工人的公司、项目、班组三级培训教育时间,分别不少于15学时、15学时、20学时,经考核合格后才能上岗。

四、三类人员的安全培训教育

三类人员,是指企业法人代表或企业负责人;企业下属各级管理人员和项目管理人员;其他专职安全管理人员。

施工单位的主要负责人是安全生产的第一责任人,必须经过考核合格后,做到持证上岗。项目经理是施工项目安全生产的第一责任人,也必须持证上岗,取得项目经理资格证的人员才能担任项目经理。

三类人员安全教育培训的主要内容有:

(1)国家和地方省、市政府安全政策方针,安全管理制度和办法,事故的报告、处理规定等,着重提高管理干部的政策水平。

(2)企业管理制度、管理规定、施工管理规定等,着重提高干部的安全生产意识和安全管理水平。

五、新工人三级安全教育规定

1.教育对象

三级安全教育的对象是新工人或调换工种的工人。这些人员上岗前必须按规定进行安全教育和技术培训，经考核合格，方准上岗。三级安全教育是指企业（即公司）、项目（或工程处，施工处）、岗位工区或生产班组三级。

2. 公司安全教育培训内容

（1）劳动保护的意义和任务的一般教育。

（2）安全生产方针、政策、法规、标准、规范、规程和安全知识。

（3）企业安全规章制度及事故教育等。

（4）本行业的工作特点及施工安全基本知识。

（5）本行业的（包括施工生产现场）安全生产制度，规定及安全注意事项。

（6）本行业各工种的安全技术操作规程。

（7）本行业的高空作业、机械设备、电气安全基础知识。

（8）防火、防毒、防爆、防尘、及紧急情况安全防范。

（9）事故发生后逃生与自救基本知识。

3. 施工项目部（或施工处、工程处）安全教育内容

（1）安全生产技术操作一般规定。

（2）施工现场安全管理规章制度。

（3）安全生产纪律和文明生产要求。

（4）工种的安全技术操作规程。

（5）高空作业、机械设备、电气安全基础知识。

（6）防火、防毒、防爆、防尘、及紧急情况安全防范。

（7）防护用品发放标准及防护用品、用具使用的基本知识。

（8）危险作业部位及必须遵守事项。

（9）事故发生后的逃生与自救的基本知识。

4. 岗位（工区、分队或班组）安全教育内容

（1）本队或班组作业特点及安全操作规程。

（2）班组安全活动制度及纪律。

（3）爱护和正确使用安全防护装置（设施）及个人劳动防护用品。

（4）本岗位的作业环境及使用的机械设备、工具的安全要求。

（5）本工种安全操作规程和易发生事故的地方、部位及其防范措施。

（6）岗位安全职责。

（7）事故发生后的逃生与自救的基本知识。

六、特种作业人员培训

1. 特种作业人员

特种作业人员主要有电工、焊工、架子工、司炉工、爆破工、机操工及起重工、打桩机和各种机动车辆司机等特殊工种工人。

2. 教育培训内容

除进行一般安全教育外，还要执行（GB 5306—85）《关于特种作业人员安全技术考核管理规划》的有关规定，按国家、地方和企业规定进行本工种专业培训、资格考核，取得《特种作业人员操作证》后上岗。

七、特定情况下的适时安全教育

（1）季节性，如冬季、夏季、雨雪天、汛台期施工。

(2)节假日前后。

(3)节假日加班或突击性赶工期任务。

(4)工作对象改变。

(5)工种变换。

(6)新工艺、新材料、新技术、新设备施工。

(7)发现事故隐患或发生事故后。

(8)新进入现场等。

八、安全生产的经常性教育

(1)施工项目必须把经常性的安全教育贯穿于管理工作的全过程,并根据接受教育对象的不同特点,采取多层次、多渠道和多种方法进行。安全生产宣传教育多种多样,应贯彻及时性、严肃性、真实性、做到简明、醒目。

(2)经常性安全教育具体形式主要有:

①施工现场入口处的安全纪律牌。

②举办安全生产训练班、讲座、报告会、事故分析会。

③建立安全保护教育室,举办安全保护展览。

④举办安全保护广播,印发安全保护简报、通报等,办安全保护黑板报、宣传栏。

⑤张挂安全保护挂图或宣传画、安全标志和标语口号。

⑥举办安全保护文艺演出、放映安全保护音像制品。

⑦组织家属做职工安全生产思想工作。

九、班前安全活动

(1)班组长在班前进行上岗交流,上岗教育,做好上岗记录。

(2)上岗交底。交当天的作业环境、气候情况、主要工作内容和各个环节的操作安全要求,以及特殊工种的配合等。

(3)上岗检查。查上岗人员的劳动防护情况,每个岗位周围作业环境是否安全无患,机械设备的安全保险装置是否完好有效,以及各类安全技术措施的落实情况等。

十、安全培训效果检查

对安全教育与培训效果的检查主要是以下几个方面:

1.安全教育制度检查

公路施工单位要广泛开展安全生产的宣传教育,使各级领导和广大职工真正认识到安全生产的重要性、必要性,懂得安全生产、文明施工的科学知识,牢固树立安全第一的思想,自觉地遵守各项安全生产法令和规章制度。

2.三级安全教育检查

公路施工临时劳务工多,新工人多,因此在三级安全教育上应把临时劳务工作为新入职工人对待。新工人(包括合同工、临时工、学徒工、实习和代培人员)都必须进行三级安全教育。主要检查施工单位、工区、班组对新入职工人的三级教育考核记录。

3.安全教育内容检查

安全教育应有具体内容,要把《建筑安装工人安全技术操作规程》作为安全教育的重要内容。除此以外,企业、工程处、项目经理部、班组都应有具体的安全教育内容。电工、焊工、架子工、司炉工、爆破工、机械工及起重工、打桩机和各种机动车辆司机等特殊工种的安全教育内容。经教育合格后,方准独立操作，每年还要复审。对从事有尘毒危害作业的工人，要进行主毒危害和防治知识教育，也应有安全教育内容。

4. 安全资料检查

主要检查每个工人包括特殊工种工人是否人手一册《建筑安装工人安全技术操作规程》，检查企业、工程处、项目经理部、班组的安全教育记录，安全管理制度，安全操作规程等文件是否齐全。

5. 变换工种后安全教育检查

主要检查变换工种的工人在调换工种时重新进行安全教育的记录。各工种工人及特殊工种工人除懂得一般安全生产知识外，尚要懂各自的安全技术操作规程。当采用新技术、新工艺、新设备施工和调换工作岗位时，要对操作人员进行新技术操作和新岗位的安全教育，未经教育不得上岗操作。检查采用新技术、新工艺、新设备施工时，应有进行新技术操作安全教育的记录。

6. 工人对本工种安全技术操作规程的熟悉程度检查

该条是考核各工种工人掌握《建筑工人安全技术操作规程》的熟悉程度，也是施工单位对各工种工人安全教育效果的检验。按《建筑工人安全技术操作规程》的内容，到施工现场进行随机抽查各工种工人对本工种安全技术操作规程的问答，各工种工人宜抽 2 人以上进行问答。

7. 施工管理人员的年度培训检查

各级建设行政主管部门若行文规定施工单位的施工管理人员进行年度有关安全生产方面的培训，施工单位应按各级建设行政主管部门文件规定，安排施工管理人员去培训。施工单位内部也要规定施工管理人员每年进行一次有关安全生产工作的培训学习。主要检查施工管理人员是否进行年度培训的记录。

8. 专职安全员的年度培训考核情况检查

建设部、各省（自治区、直辖市）建设行政主管部门规定专职安全员要进行年度培训考核，具体由县级、地区（市）级建设行政主管部门经办。建筑企业应根据上级建设行政主管部门的规定，对本企业的专职安全员进行年度培训考核，提高专职安全员的专业技术水平和安全生产工作的管理水平。按上级建设行政管理部门和本企业有关安全生产管理文件，核查专职安全员是否进行年度培训考核及考核是否合格，未进行安全培训的或考核不合格的，是否仍在岗工作等。

第三节　安全生产检查制度

一、安全生产检查的内容

（1）主要领导安全管理检查。领导是否把安全生产摆到议事日程，对安全生产成绩显著的员工是否做到及时表扬和奖励，对忽视安全生产造成事故的责任者是否进行严肃处理，生产与安全是否做到了“五同时”（同时计划、同时布置、同时检查、同时总结、同时评比）。

（2）安全管理行为文件检查。包括安全管理办法，安全管理制度，安全管理规定，安全岗位职责，安全技术操作规程，安全资格证书，设备仪器安全合格证书，特种作业允许上岗证。

（3）员工安全意识检查。包括查对安全生产的认识，查安全生产的责任心，查对忽视安全生产的行为表现，查习惯性违章行为细节，查岗位上劳动纪律的执行情况，如不佩戴安全帽、不系安全绳、穿拖鞋、打赤脚、光身膀子上工地等等，凡此种种细节表现都是安全意识不强的表现。

（4）安全技术交底检查和安全专项方案检查。技术交底是否落实，安全专项方案是否编制，专项方案的批准手续是否齐全。

（5）应急预案检查。应急预案一般应包括：伤亡事故应急预案，火灾事故应急预案，防洪抢险应急预案，触电事故应急预案等，施工项目部应根据项目工程的具体情况逐一编制。项目部应根据编制批准的应急预案进行演练，演练应留置演练记录和照片。

(6)危险源分析和安全隐患检查。施工过程中，项目部应根据危险源分析结果，针对存在的危险源，组织各个部门定期对施工现场进行由危险源所产生的安全隐患排查，对排查出的安全隐患监督整改。

(7)现场安全施工防护检查。安全宣传，安全警示，安全防护是否到位，“三边四口”是否有醒目标志和防护，每台设备是否都有安全装置；在建工程有无不安全因素；平台、栏杆是否安全可靠等。

(8)特种作业持证上岗检查。电工、电焊工、架子工、起重工、爆破工等特殊工种作业人员是否做到了培训后上岗，是否考试合格才上岗。

二、安全生产检查的形式

1.综合性安全生产大检查形式

(1)公司安全生产大检查。公司对各施工项目的安全大检查每年至少进行两次，每年六月安全生产活动月一次，国庆到年底一次。由主管安全生产的公司领导负责，召集以安全处为主的有关部门参加，组成检查组，对所有项目工程进行检查。检查和整改情况由安全处汇总上报。

(2)业主、监理或政府安检部门安全检查。一般在有重大活动和重要节假日之前，以上各部门都会组织综合性安全大检查。施工项目部为了配合上级部门的安全大检查，首先自己应对工地的安全情况全面检查和整改，准备迎检。

(3)项目部安全生产检查。项目部的安全检查一般每周进行一次，至少也要每旬进行一次。由项目经理负责，召集有关人员组成检查组进行检查，检查和整改情况，由安全员汇总上报。

2.专业性安全生产检查形式

(1)施工用电专项安全检查。施工用电电网安装完成以后，正式启用之前应对整个工地电网应进行检查验收。一般是项目部邀请政府安检部门，业主单位，监理单位参加，项目部安全部参加，专业电工参加，进行电网检查。

(2)专项施工方案实施检查。公路施工涉及很多高危作业施工，如满堂式高大支架现浇混凝土、桥梁上部结构挂篮法现浇施工、特重特大构件吊装等都属于高危作业施工，在这些项目施工之前都应制订专项施工方案。而且专项方案还应经过一定的审批程序。方案审批成立之后，在实施过程中要进行专项安全检查。如高大支架架设完成之后，就应对支架进行安全检查验收，经验收合格才允许进行下步施工。

3.季节性安全生产检查形式

对防暑降温、防雨防洪、防雷击、防寒、防冻等季节性安全生产检查，由项目部各部门负责人组织有关人员进行，并将检查和整改情况上报和抄送安全部门。

4.经常性的安全生产检查形式

(1)每一个员工都必须坚持执行作业前后的安全检查制。

(2)每一个班组都必须坚持执行班前班后安全检查制。

(3)各级管理人员和专职安全员都必须结合自己的工作业务，深入生产工作现场进行安全生产检查。

(4)安全生产大检查要坚持普遍检查与专业检查相结合；经常性检查与临时性检查相结合；检查与整改相结合。

(5)对查出的不安全因素，按“三定”措施实施，即定人员负责处理，定时间进行处理，定措施落实到位。

(6)安全生产检查制度还应结合安全生产奖惩制度和员工考核制度。检查结果应作为奖罚或晋级评优的标准之一。

第四节　安全施工奖惩制度

为了切实做好安全工作，进一步落实"安全第一，预防为主，综合治理"的方针，不断增强施工安全生产意识，维护正常生产秩序，制定安全考核奖罚制度，具体条款如下：

一、考核与奖罚原则

实行安全生产考核奖罚制度，必须把思想教育与行政经济手段结合起来。在奖励上，要坚持以精神鼓励和物质奖励相结合，以精神鼓励为主的原则；对违反劳动纪律和安全生产法规失职的职工，要坚持思想教育为主、惩罚为辅的原则，对在安全生产中做出突出成绩的单位和个人应给予精神和物质奖励。坚决杜绝职工玩忽职守，违反技术操作规程和安全法规、制度或违章指挥、违章蛮干。

二、奖罚规定

(1)执行公司对项目经理部班子年终安全考核奖罚制度。

(2)施工作业队(班组)的承包人须向项目部交纳安全生产保证金，交纳数额为：所预计完成计划产值的5%～10%。根据承包方式的不同，可以在月度结算中分月扣除。若年度安全达标，交纳的保证金全额返还，可用于奖励，由承包人负责分配。安全不达标或发生重大伤亡事故，或安全标准工地建设未按规划兑现，将从安全保证金中扣除一部分或全部作为处罚。

(3)项目部与作业队双方签订创标奖罚责任书。

(4)该项目通过验收达标，被评为省部级及以上安全标准工地，将给予施工人员每人200元奖励；被评为市级安全标准工地，将给予施工人员每人100元奖励；被评为公司级安全样板工地，将给予施工人员每人50元奖励。(奖金额度供参考)

(5)若该项目在市级以上大检查中被通报表扬，奖励作业队2000元(队长500元)，奖励有关管理人员各100元。(奖金额度供参考)

(6)奖金由项目经理部负责兑现。奖金来源除安全保证金罚没部分和事故罚款外，不足部分由项目部列支。

(7)项目部组织安全大检查中的奖罚，由检查组临时确定。

(8)若该项目在省市级大检查中被通报批评将对作业队处以罚款现金3000元，对有关管理人员各罚款50～200元。(罚金额度供参考)

(9)奖罚款由安全部门开具收付凭证，收付款由财务部门负责办理。

(10)由经理部专职安检工程师、工会、青年安全监督岗组成经常性的安全检查小组。安全工程师出具安全检查限期整改通知单，奖罚通知单。

三、违章处罚细则

为了强化安全管理，除了对所有人员加强安全教育，对施工环境进行安全检查以外，对某些屡教屡犯安全违章进行经济惩罚也是非常必要的。施工项目部制订各种安全违章经济惩罚见表5-1。

各种安全违章经济处罚　　表5-1

序号	违章内容及额定	罚 款 对 象	处罚标准(元)
1	上工地不戴安全帽	个人	20
2	高空作业不系安全带	个人	100
3	井架、吊篮乘人(每人各罚)	个人	50
4	井架、吊篮乘人	操作人员	100

续上表

序号	违章内容及额定	罚 款 对 象	处罚标准(元)
5	施工现场无“五牌一图”	工区负责人	100
6	不编制安全生产技术措施	技术部负责人	100
7	强令职工冒险违章作业	指挥者	200
8	安全生产无检查、无活动	项目经理	100
9	高空乱抛材料、工具、杂物	个人	50
10	非操作人员乱开或玩弄机电设备	个人	100
11	架子上面嬉闹	个人	50
12	无故翻爬井架、脚手架	工人	20
13	不按规定布设安全网	工区负责人	50
14	井架防护(每缺一项)	工区负责人	50
15	电机设备无接地或接零每处	当班电工	20
16	特种工无证上岗(除停止操作外)	工区负责人	50
17	易燃地区不设灭火设备每处	工区物资主管	100
18	脚手架未经验收使用	项目总工程师	50
19	发现触保器失灵(每只)	当班电工	50
20	闸刀无盖或无插头直接电源每处	电工	50
21	易燃易爆处吸烟(每人)	个人	100
22	擅自使用(明火)电炉	个人	50
23	作业现场发现小孩	现场主管	50
24	乙炔气与氧气存放不符合规定	现场主管	100
25	工地打架斗殴	工区负责人	200
26	酒后高空作业	个人	200
27	光膀子、穿背心、打赤脚上工地	个人	20
28	作业时穿拖鞋、高跟鞋	个人	20
29	女同志长发不扎入帽檐	个人	20
30	食堂人员烧火时离伙房	个人	20
31	发现不满十八周岁的童工作业	用工负责人	1000
32	不按规章违规操作	个人	50
33	每天无班组安全活动记录	工区负责人	500
34	存在重大事故隐患，逾期不整改的	工区负责人	500

第五节　安全隐患排查和处理制度

一、安全隐患排查的方式方法

(1)公司每半年至少应组织一次安全生产检查，排查各施工项目的安全隐患。

(2)工地项目经理部每半月(或每旬)组织一次对该施工项目安全检查，全面排查各工区、各施工点的安全隐患。

(3)各施工班组班前、班后活动的一项主要内容就是进行安全检查，各工区和施工班组应坚持做到无班前安全活动不开始作业，无班后安全交接不下班。

(4)各级安全员及安全值班人员须进行日常巡回安全检查,并每天做好安全记录和安全日志。

(5)各级施工管理人员在管理生产的同时,须检查生产安全。

二、安全隐患排查处理

(1)分公司每月组织一次安全生产检查。

(2)工地项目经理部每半月组织一次对该施工项目安全检查。

(3)班组班前、班后岗位要进行经常性的安全检查。

(4)各级安全员及安全值班人员须进行日常巡回安全检查。

(5)各级安全员在检查生产的同时,须检查安全生产。

(6)脚手架、上料平台、斜道的搭设,塔吊、垂直运输机(架)等大型施工机械的安装,现场施工用电路线架设等需经班组自检,有关部门专业验收检查合格后,与使用单位办理交接安全检查手续,方可使用。

(7)检查中查出的隐患应发出"隐患整改通知书",以督促整改单位消除隐患。对有即发性事故危险的隐患,检查组、检查人员应责令停工,立即整改。

(8)被检查单位收到"隐患整改通知书"或"停工指令书"后,应立即进行整改,整改完成后及时通知有关部门进行复查。

(9)整改复查。凡是下达了整改通知书的安全隐患,隐患单位按通知书的要求整改以后,应将整改结果书面汇报到下达通知的上级部门,上级部门收到整改结果报告以后应再次到现场复查落实,看整改是否完全到位。

(10)对整改不落实的施工工区或班组,或是敷衍了事不认真整改的施工工区或班组,应按安全生产奖惩办法加重处罚。

三、建立安全隐患治理台账

"安全隐患治理台账"属于安全工作管理台账的一种,安全隐患治理台账应分级建立,分级管理。

(1)建立事故隐患台账。按项目部、工区两级分别建立安全隐患台账。凡发生在施工班组的安全隐患,由工区建立安全隐患治理台账,项目部建立各工区的安全隐患治理台账。

(2)安全隐患治理台账的主要内容应填写:隐患所在单位、隐患名称、隐患级别大小、存在部位、预估治理费用、实际治理费用、治理经费来源、整改前临时防范措施、整改方案(方案要具体)、完成进度、负责人、计划完成时间、实际完成时间、治理后的评估情况等。

(3)隐患整改要严格按照"五定"原则进行(即定临时防范措施、定整改方案、定负责人、定整改时间、定资金来源)。

第六节 安全管理台账制度

一、安全管理台账分类

安全管理台账包括13本安全台账、4个档案和1本安全活动记录。

13本安全台账分别是:①安全会议台账;②安全组织台账;③安全教育台账;④安全检查台账;⑤隐患治理台账;⑥事故登记台账;⑦安全工作考核与奖惩台账;⑧消防工作台账;⑨职工安全卫生台账;⑩安全防护用品台账;⑪应急预案台账;⑫关键装置、重点部位安全评价台账;⑬安全装备台账。

4个档案分别是:①特殊工种人员档案;②主要施工机械档案;③安全学习资料档案;④爆破器材票据档案。

二、安全管理台账内容

1.安全会议台账内容

(1)按要求填写会议名称、内容、时间、地点、参加人员、主持人等。

(2)安全生产文件的传达、学习和贯彻等情况。

(3)会议对哪些安全事项做出了何种决定,处理结果等。

(4)到会人员签到表。

2.安全组织台账内容

主要有:施工项目部安全领导小组组织机构和人员名单,项目部安全管理网络,项目部安全监督部门组成人员名单及登记表(姓名、性别、年龄、工种、岗位、文化程度、安全教育状况等),安全工程师和安全员的资质证件。

3.安全教育台账的内容

(1)项目部安全教育台账内容有:项目领导和管理人员安全教育培训情况;安全监督管理人员安全教育情况;新员工进入项目三级教育情况;特殊工种安全教育及培训考核情况;外来施工人员安全教育情况;其他人员安全教育情况等。

(2)工区安全教育台账内容有:应包括工区领导及职工安全培训情况;新入项目员工三级安全教育情况;特殊工种安全教育及培训考核情况;转岗及离岗半年以上复工人员的安全教育情况;从事"四新"技术人员的安全教育情况;对事故责任者的安全教育情况;岗位安全技术练兵情况;应急预案的演练情况;外来施工人员的安全教育情况等。要有教育培训时间、地点、培训人、被培训人、教育培训内容、考试时间、考试成绩等。考核试卷要存档。

4.安全检查台账内容

项目部要定期组织安全检查,要将检查时间、检查内容、检查人、检查出的问题、整改措施、完成时间等记录上账。按照安全生产管理规定要求,项目安全检查每季度不少于一次,工区安全检查每月不少于一次,班组每周不少于一次,除此之外还要按照专业特点、根据季节变化、节假日安排以及特殊作业要求,开展专项检查。安全检查中发现的隐患、问题、整改要求及整改复查情况均应按要求如实填写。

5.隐患治理台账内容

事故隐患治理应按公司、项目、工区、班组实行分级管理,凡发生在工区的隐患,不论级别和资金来源,均应在工区隐患治理台账中填写,要有隐患名称、隐患级别、隐患所在单位、存在部位、计划费用、实际费用、资金来源、整改前临时防范措施、整改方案(方案要具体)、完成进度、负责人、计划完成时间、实际完成时间、隐患治理后的评估情况等。隐患整改要严格按照"五定"原则进行,即定临时防范措施,定整改方案,定负责人,定整改时间,定资金来源。

6.事故处理登记台账内容

按照《事故管理制度》要求,事故实行归口和分级管理。项目级事故台账要记录所发生的各类事故,包括火灾、爆炸、设备事故、生产事故、交通事故、人身伤亡事故、污染和其他事故。要记录事故发生所在部门、发生日期、事故类别、事故经过,并严格按照"三不放过"原则,进行事故原因及责任分析,详细填写应吸取的教训、整改措施和处理意见等,人身事故要将当事人姓名、性别、年龄、工种、工龄及事故概况等记入台账。

7.安全工作考核与奖惩台账内容

安全工作考核和奖惩台账记录对各部门、各岗位安全生产责任制的考核情况,要有各级安全工作和安全生产考核细则,对事故发生的单位、个人及"三违"人员进行处罚的情况,对防止和避免事故发生的有功人员的奖励情况,对在安全管理工作中作出突出贡献的单位和个人表彰和奖励情况。台账应设考核项目或内容、被考核部门和个人、主要事迹和存在问题、考核意见和结果、奖惩情况、考核部门签字及审批部门等栏目。

8. 消防台账内容

记录消防安全组织网络、消防演练情况、消防设施登记及消防工作会议等。

9. 职工安全卫生台账内容

记录员工体检时间、人数、姓名、性别等;施工环境的尘、毒、噪声、射线分布情况及定期检测数据,职业病检查记录等。

10. 安全防护用品台账内容

记录防护用品明细登记,发放领用情况,日常防护用品检查情况等。

11. 应急预案台账内容

各种应急预案目录,应急预案,应急预案演练情况等。

12. 关键装置、重点部位安全评价台账内容

记录关键装置、重点部位名称、地点位置,负责施工人员情况,危险点分布平面图,危险程度评估等。

13. 安全装备台账内容

建立安全阀,联锁,阻火器,灭火器,呼吸阀,可燃气体报警器,有毒、有害气体报警器,烟雾报警器,逃生通道等台账,记录安全设施变更情况。

三、安全管理档案

1. 特殊工种人员档案

特种人员登记表,记录特殊工种人员姓名、工种、年龄、本岗位工龄、性别、取证时间、参加培训情况及复审考试情况等,特种人员上岗证或复印件等。

2. 主要施工机械档案

主要机械一览表,包括机械名称、型号、规格、功率大小、新旧程度、产权归属等,出厂合格证,检修保养记录等。

3. 安全学习资料档案

保存下发的上级各种文件、安全会议材料及安全试题库、安全考试卷、安全通报学习资料等。

4. 目前灭火器材档案

灭火材料登记,领用、保管记录,应保存一年的灭火器材单据存根。

四、安全活动记录的格式和内容

项目部的安全活动内容主要有:

(1)学习安全文件、通报、安全规章制度,开展创建平安工地活动。

(2)学习安全技术知识、劳动卫生知识。

(3)结合事故案例,讨论分析典型事故,总结吸取事故教训。

(4)开展事故预案演练和岗位练兵,组织各种安全技术表演。

(5)检查安全规章制度执行情况和消除事故隐患;开展安全技术座谈、攻关和其他安全科研活动等。

(6)班组安全会议、安全教育、安全检查、安全技术交底等。

(7)安全所有安全活动的记录应清楚记录活动日期、时间、地点,活动内容、主持人、主讲人等,还应附参加人员签名表。

第七节　安全技术交底制度

一、安全技术交底制度的重要性

公路工程施工的所有施工活动，在实施该项活动之前，一定要进行技术交底，在进行技术交底的同时必须进行安全技术交底。如果说技术交底是保证工程质量的前提，那么，安全技术交底不仅是保证工程质量的前提，同时它还是保证工程能安全施工的前提。所以安全技术交底是工程技术交底的一项重要内容，技术交底必须交安全。

二、安全技术交底的规定

(1)任何一项施工作业的安全技术交底必须在施工开始前进行，没有进行安全技术交底，不准进行施工作业。

(2)安全技术交底工作一般在施工现场或项目部驻地进行。

(3)安全技术交底必须履行交底人和被交底人的签字手续，安全技术交底书面文字材料一式二份，一份交给被交底人，一份附入安全生产台账备查，并整理成安全资料档案材料归档。

(4)被交底者在执行过程中，必须接受项目部的管理、检查、监督、指导，检验安全技术交底是否符合施工要求，检查被交底人是否认真按安全技术交底的要求操作。

(5)交底人也必须深入现场，检查交底后的执行落实情况，发现有不安全因素，应马上采取有效处理措施，杜绝事故隐患，同时也是为了提高安全技术交底水平。

(6)公路工程施工各施工项目的安全技术交底内容，详见第八章“安全技术交底内容”。

三、作业指导书编写

(1)安全技术交底的重要文字材料是安全生产作业指导书。安全生产作业指导书由项目安全环保部和工程技术部共同组织编写，项目总工审查批准。

(2)每个分项或分部工程在施工前，都应由施工管理者编制施工作业指导书，作为技术交底的书面材料。

(3)技术交底安全作业指导书的内容组成一般有如下一些内容：

①分项、分部工程基本情况。

②工序划分和每道工序的操作要领。

③质量、安全要求。

④安全操作注意事项。

⑤其他。

注：本书在第八章编列了公路工程各主要施工项目安全技术交底的主要内容，供公路施工管理人员在编制安全技术交底作业指导书时参考。

第八节　安全资金保障制度

一、保障安全资金的基本原则

(1)根据工程施工特点，按照国家有关规定建立稳定的安全投入资金渠道，安全投入应能充分保证安全生产需要。

(2)保证新增、改善和更新安全系统、设备、设施，消除事故隐患，改善安全生产条件的需要。

(3)保证安全生产宣传、教育、培训，安全奖励的需要。
(4)满足推广应用先进安全技术措施和管理方法。
(5)保证抢险救灾等有可靠的资金来源。
(6)安全投入资金要专款专用。

二、保障安全资金的依据

(1)国家颁布的劳动保护法令和产业部颁布的劳动保护指示、标准。
(2)安全大检查中所发现的、尚未解决的影响安全生产的问题。
(3)预防火灾、爆炸，对引起工伤、职业危害等需所采取的技术措施。
(4)影响安全生产的重大隐患。
(5)稳定和发展生产所需采取的安全技术措施，以及职工提出的有利于安全生产的合理化建议。

三、编制年度安全资金计划和使用安排

确定项目，落实资金、完成时间和责任人(安全投入包括资金投入、人员投入与时间投入等)。

1. 安全资金投入项目

一般安全保障资金的投入项目主要有：保障生产安全，保证职工卫生与健康，防治特定施工危险及职业危害，危险源整改，具有潜在危险的工艺要求、施工安全设施的改造等方面的投入。

2. 安全资金的使用范围

(1)施工安全技术措施方面。如防止火灾、爆炸、工伤等为目的的一切措施，安全防护装置、保险及信号装置、安全警示装置、排毒通风装置、防暑防冻装置防洪抢险装置等。

(2)安全辅助措施方面。如有关保证安全管理必须的房屋，如淋浴室、更衣室、消毒间、安全器材仓库、炸药仓库、守卫房、值班岗亭等。

(3)隐患整改项目开支等。

(4)安全设施的平时维护保养开支以及维护保养的人员、时间投入开支。

(5)劳动防护投入费用。为了保障生产过程中职工的安全与健康而投入的防护用品费用开支等。

(6)劳动防护用品(如劳动服装、安全帽、安全手套、防护眼罩、防尘防毒口罩等)费用以及各种用品费用。

(7)保健费的发放。职工个人保健费，职工体检费用，职业病预防费用，消暑饮料费用。

(8)应急抢险救援投入费用。为了有效控制突发事故而预先计划的应急救援系统的费用，如应急救援设施(如防火墙、安全通道、消防用具、抢险救灾的工程设施及器具、警示标志、检测报警仪器、通讯联络器材、抢险救灾车辆、围堤、回收装置等)、设备、用具或用品等费用；还包括应急救援组织办公费用，应急救援培训及演练费用，参与应急救援及演练费用等。

(9)安全宣传教育投入费用。包括对职工进行安全培训(包括三级教育、特种作业上岗培训、安全知识讲座等)的费用(教材费、讲课费等)；安全生产例会、安全活动费用；参与安全会议以及安全活动开支；安全专题板报(或报纸)、宣传栏、安全宣传稿件、传单等费用。

(10)日常安全管理投入费用。包括安全生产管理部门正常开展工作所需的投入；还包括安全员(兼职和专职安全员)的工资、津贴和办公支出、职业安全健康管理体系(OSHMS)建立及运行维护费用等。

(11)安全保险投入。包括项目部施工财产保险投入，车辆保险投入，职工工伤保险的安全投入等。

(12)事故处理投入费用。在突发事故发生后，企业为了控制事故扩散、减少损失、处理事故而不得不进行的花费。主要包括：事故处理活动费用，对伤亡职工的救治与赔偿费用，环境污染处罚与治理费用，事故发生导致企业停产的损失，企业无形资产价值损失费用。

(13)安全奖励基金投入。安全奖励有安全先进集体和安全先进个人的奖励;对突发事件的有先进集体或个人奖励。

(14)其他不能列入上述范围内的,如作为安全试验、研究所需的仪器、设备,安全科研等费用。

四、安全保障资金计划编制和审批

(1)由项目部领导负责组织安保部、工程部等各有关部门,根据国家劳动保护政策和企业有关劳动保护的具体规定,制订安全资金计划和使用方案。

(2)项目部安全保障计划制订后报经公司审批,再报经监理和业主批准。

(3)安全保障资金计划经批准后,由项目部安全部根据批准的安全资金计划和使用方案,具体落实以下事项:

①确定本工程年度安全措施项目。

②分配各个安全项目的资金来源和数量。

③确定安全项目实施的负责单位及责任人。

④确定安全顶上落实完成时间和投入使用日期。

⑤必须报请上级批准的重大安全项目,准备报批手续文件。

(4)安保部将以上落实的项目内容报项目主管安全的副经理审查,报项目经理批准后执行。

五、安全保障资金计划的执行检查

(1)公司财务部门每季度对施工项目部的安全保障计划费用的使用开支情况进行一次检查,并将检查情况向主管财务副经理、主管安全副经理和公司总经理汇报。

(2)项目部安全主管部门每月对本施工项目的安全保障计划费用的开支情况进行一次检查,并将检查情况向主管副经理和项目经理汇报。

(3)重人安全项日措施费用开支应按公司主管部门的要求,在执行结束以后7天内汇报到公司,公司再派人到项目部进行复查。

第九节　安全事故报告与处理规定

一、总则

为了及时地了解和分析事故原因,掌握事故规律,吸取事故教训,以便采取有效措施防止事故的重复发生,明确事故管理程序及职责,制定安全事故的报告与处理规定。

本规定所称事故,是指在施工项目在生产经营活动中发生并造成生产中断、人员伤亡、财产损失或重大险情的事件。

二、事故处理程序

事故处理不论大小均应坚持“四不放过”原则,即事故原因不查清不放过;事故责任者没有受到处理不放过;整改措施不落实不放过;事故责任者和职工群众未受到教育不放过。事故发生时,当事人和现场工作人员的第一反应是做好三件事:立即报告,抢救受伤人员,保护现场。

(1)一旦发生事故,当事人及现场工作人员要立即向事故发生部门、安全管理部门或有关领导报告(发生火灾,应先报火警),同时立即设法控制事故蔓延和抢救伤员,并采取必要措施,保护好事故现场不受破坏。

(2)有关领导及部门接到事故报告后,要立即组织抢救,重大事故要迅速组成临时抢救领导小组,统一指挥。

(3)现场保护。事故发生后,要立即封锁保护现场,除抢救需要外,禁止无关人员入内,防止人为或自然因素破坏现场。因急于抢救防止事故扩大,必须移动现场物品的,要做出标记,绘制现场简图并写出书面记录或进行现场录像拍照。未经安全管理部门或事故调查组现场勘查同意,不得以任何借口、理由擅自清理现场。

三、关于事故报告的规定

事故发生后,现场负责人应立即向本单位负责人报告事故发生,报告时就简要报告事故发生时间、地点,事故性质、类型,有无人员伤亡。

本单位负责人接到报告后,应在1小时内向事故发生地县级以上人民政府安全生产监督部门报告。

接报部门逐级上报,每级上报时间不超过接报后2小时。

接报部门规定如下:

(1)特别重大、重大事故,应报告至国务院安全生产监督管理部门及有关部门。

(2)较大事故,应报告至省、自治区、直辖市政府及相关安全部门。

(3)一般事故,应报至设区的市级人民政府。

四、事故调查

(1)设备事故由生产部门、综合管理部负责调查,人员伤亡及其他事故由安全管理部门负责调查。

(2)事故调查组及调查人员在事故调查中,有权向事故发生单位有关部门、人员了解相关情况和索取有关资料,各部门不得以任何理由拒绝。

(3)调查组职责如下:负责搜集有关资料,证明材料,查明事故发生的过程、性质、原因、人员伤亡及经济损失情况,分析事故责任,确定主要责任者,提出事故处理意见和防范措施,编写事故调查报告。

(4)事故调查报告的内容有:事故经过,基本事实,原因分析,结论,处理意见,改进措施及其他相关附件。

(5)调查报告须经全体调查组人员签名,并提交事故单位、上级主管部门和主管领导。

五、事故责任追究

1.下列情况造成的事故,首先追究直接领导者责任

(1)该部门发布的决定、命令、制度违反相关的法律法规、规程、标准,或者违反相关规定。

(2)制度不健全,缺乏安全操作规程,管理混乱。

(3)未经考试合格上岗操作,或因员工缺乏安全知识发生的事故。

(4)设备有缺陷不按规定检修,带病运行。

(5)作业环境不安全,安全保护装置不齐全又不采取保护措施,信号、标识、用具及个体防护用品缺乏或有缺陷。

(6)施工中违反设计规定,消减安全设施。

(7)建设项目未经竣工验收,擅自投产使用。

(8)已列入安全技术措施项目不按期实施,又不采取应急措施。

(9)发生事故后不吸取教训,致使同类事故重复发生的。

(10)“三同时”不落实的。即必须严格按照建设项目安全生产设施与主体工程同时设计、同时施工、同时投入生产和使用;安全设施投资应当纳入建设项目概(预)算。

2.下列情况造成事故,追究当事者责任

(1)违章指挥,违章作业,冒险作业,违章驾驶。

(2)玩忽职守,违反操作规程及有关安全制度,违反劳动纪律。

(3)发现事故隐患、险情不立即报告、不采取有效措施。

(4)不按规定配备和使用劳动保护用品用具。

(5)擅自更改、拆卸、毁坏、挪用安全装置和设施。

(6)其他违反安全管理规定的行为。

3.对下列情形从严追究责任

事故发生后,隐瞒不报、谎报、故意拖延不报、故意破坏现场或无正当理由拒绝配合调查,拒绝提供有关情况和资料,或有意逃逸的,应给予有关"故意"当事人加重处罚或加重追究刑事责任。

六、事故分析统计

安全管理部门要建立专门事故台账,事故登记要在接报当天进行。登记基本内容包括事故单位、时间、地点、大致情况、报告人、接报登记人等。

安全管理部门每年进行一次事故分析,写出事故分析报告。

建立事故档案。事故档案内容主要包括:

(1)事故登记表。

(2)现场调查纪录,图纸照片,物证、人证及事故责任者自述材料。

(3)技术鉴定和试验报告,医疗部门对伤亡人员的诊断书。

(4)发生事故时的工艺条件、操作情况及设计资料。

(5)直接和间接经济损失材料。

(6)参加调查组的人员名单、职务、单位。

(7)事故调查报告。

(8)处分决定和受处分人员的检查材料,事故通报、简报及文件。

第十节　施工机械设备安全管理规定

一、机械设备安全管理规定

1.建立岗位责任制

岗位责任制是施工单位安全管理的一项基础制度,施工单位的各项规章制度都是以岗位责任制为中心建立,各项活动都必须纳入岗位责任制中得以落实,设备使用维护的各项工作都是岗位责任制的组成部分,必须在岗位责任制中得到落实。

2.建立定人、定机制度

设备使用应实行定人、定机操作制度;对于多人操作的设备、生产线,必须实行机台长(机长)负责制;重点设备或精、大、稀设备定人定机名单,还需报公司领导批准后执行。

3.定人定机需凭设备操作证才能上岗

主要生产设备的操作工人,包括学徒、实习生等均应经过培训,考试合格,取得操作证后,才能独立操作设备。每个工人原则上只允许操作一种型号设备。

4.设备运行安全检查与检验制度

设备运行安全检查是设备安全管理的重要措施,是防止设备故障和事故的有效方法。操作手在班时间,必须不停顿的对正在运行的设备进行检查和检验,全面掌握设备的技术状况和安全状况的变化及磨损情况,及时查明和消除设备隐患,以确保设备的安全运行。

5.制订安全操作规程

施工项目部或公司应对参与施工的每一种机械制订安全操作规程。操作手应熟练掌握机械安全操作规程，各种机械设备的操作规程应形成文字张挂在施工场所，让操作手能时刻看到；安全操作规程是职工培训，尤其是新工人培训的必备教材。

6. 制订设备维护保养责任制

每种施工机械设备都应该建立使用档案，做到定期保养，使保养形成制度化。将保养情况记入机械设备档案，让机械设备全部情况有案可查，让机械设备经常处于正常安全状态。

7. 安装安全防护装置

所有的机械设备都必须安装有保证安全运行的防护装置和保证机械设备本身安全的防护装置。

8. 员工培训规定

从事机械设备操作的员工应建立定期安全技术培训学习规定。学习培训内容包括设备原理、结构、操作方法、安全注意事项、维护保养知识等。每次培训学习结束都是应进行考核，考核成绩记入操作手个人档案；新工人必须经系统培训，经考核合格后，方可持证上岗。

9. 机械设备管理规定

该规定由项目主管领导和机械设备部负责人组织机械设备使用人员共同制定，由机械设备部负责该规定的落实与检查。

二、机械设备使用管理制度

(1)严格执行设备安全管理制度。设备安全管理制度由施工项目部分管副经理和机械设备部组织有关人员一起制订，由机械设备部落实执行和检查。

(2)设备操作工人须每天对自己所使用的机器做好日常保养工作。生产过程中设备发生故障应及时给予排除。

(3)为了便于操作工日常维护保养，由设备管理人员、工程技术人员共同确定设备“点检”位置和技术要求，由部门经理和设备管理人员负责检查实施。

(4)预检(预)修是确保设备正常运转、避免发生事故的有效措施。设备管理人员根据设备零件的使用寿命，预先制订出安全检修周期和检修内容，落实专人负责实施。将设备故障消灭在萌芽状态，确保设备从本质上的安全性。

三、机械设备日常维护保养制度

(1)设备运行与维护坚持“专人负责，共同管理”的原则，精心养护，保证设备安全，机械责任人调离后，立即配备新人接替。

(2)操作人员每次上机操作前和停机下班前要做好以下工作：

①自觉爱护设备，严格遵守操作规程，不得违章操作。

②检查管线、阀门，做到不渗不漏。

③做好设备经常性的润滑、紧固、防腐等工作。

④易损部件应定期更换，强制保养始终，保持技术状况良好。

⑤建立设备保养卡片，做好设备的运行、维护、养护记录。

⑥保持设备清洁，场所窗明地净，环境卫生好。

(3)长时间停用的机械设备，机械责任人应定期对机械设备进行例行保养，不得让其锈蚀、污染。

四、机械设备检查维修制度

(1)生产部设备维修人员，定期对生产设备进行检查，并将检查结果记录在《设备日常保养记录表》上。

(2)每年由使用部门组织维修人员，根据生产需要和设备实际运转状况，制订设备的年大修计划。

以备大修前落实修理工时,停歇时间,材料消耗,清洗用油及维修费用。

(3)设备大修完工后,必须进行质量检查验收,并在《设备维修登记表》上做好记录。

(4)每年年底由公司主管领导、设备管理人员、部门经理、维修人员负责按照事先规定的项目、内容进行检查打分,评定出是否完好、能否继续使用,提出对责任人的处理意见和改进措施等。

(5)建立健全机械设备维修档案。

五、机械设备使用交接班制度

(1)施工单位的主要生产设备,一般都处于三班制或四班制的日夜连续使用状态。因此必须建立设备交接班手续,形成设备交接班制度。以明确设备维护保养的责任,提供设备使用的第一手资料,为设备故障的动态分析和生产情况分析提供准确、有效、可靠的依据。

(2)设备交接班应认真准确填写"设备交接班记录",并签字。一班制设备,操作工应填写"设备使用日记"。

(3)交班人员下班前必须认真清扫,擦拭设备,向接班人员介绍润滑、安全装置、转动系统、操作机构等各部位的情况,运行中有无可疑情况,维护、调整、检修情况。清点工具、仪表和检测仪器,认真进行交接,并填写记录。

(4)接班人员必须提前10～15分钟到达现场,了解设备情况,认真接班并检查记录填写情况。如果确认设备情况正常,记录填写无误,即可签字接班。否则,应立即提出,必要时可拒绝接班,并及时报告本班组长处理。设备接班后发生的问题,由接班者负责。

(5)交班组长应将本班内设备使用与故障情况,记录在组长"值班记录"内,向接班组长交代清楚并签字。较大问题、故障或危险隐患应及时向车间设备员、安全员、设备工程师或设备主任报告。

(6)值班机、电、钳工,都应进行交接班,交接负责区域内设备情况并填写"交接班记录"。

(7)项目部机械设备部、项目安全员、机械工程师应定期或不定期地抽查设备交接班制度执行情况。

(8)"设备交接班记录"、"设备运转记录"、"设备安全状况记录"簿用完后,由项目部机械设备部收集归档保管,其中主要记载应于当月底摘抄记入设备管理档案。

六、机械设备更新改造及报废管理制度

1.设备报废的基本原则

符合以下情况的设备均可申请报废:

(1)国家或行业规定需要淘汰的设备。

(2)设备已过正常使用年限或经正常磨损后达不到要求。

(3)设备发生操作意外事故,造成无法修复或修复不划算。

(4)设备使用时间不长,但有更合理更经济先进的设备或在生产使用时需要更换的。

(5)安全、精度、效率等方面均已落后于本行业平均水平的设备。

(6)根据国家有关规定,必须强行报废的设备。

2.设备报废手续

(1)由设备使用部门提出报废申请,经技术部门确认并签署意见。

(2)公司安检部门对设备部门提出的设备报废申请进行协签。

(3)上报公司主管经副总经理批准、移交财务部办理报废结算手续。

(4)报废设备送往有关单位处理。

3.设备改造的基本要求

(1)设备还达不到报废条件,经过更新、改造后还有较大使用价值。

(2)设备的原来状况已无法满足施工需要,远落后于施工要求的水平,不更新改造对施工安全和施

工质量有较大影响。

(3)经过技术论证后,采取新技术、新材料、新零部件就可以提高设备的综合安全技术水平,经济上也是合算的。

(4)设备改造要持谨慎负责的态度,不能轻易蛮干,必须按照申请、论证、批准的基本程序运行。

第十一节　危险物品使用管理规定

一、建立危险物品使用管理规定的重要性

建立危险物品的使用管理规定有利于加强对危险物品的控制,有利于保障员工的安全健康,有利于保证施工生产安全,有利于环境保护,有利于保护公司财产不受到意外损失。

危险物品使用管理规定由项目部安全环保部负责制订并监督执行,项目全体员工应严格履行。

二、规定危险物品使用管理制度

(1)凡在项目范围内储存、使用化学危险物品的部门和个人,必须遵守危险物品使用管理制度。

(2)本制度所指点的化学危险物品,是指国际分类标准中的易燃、易爆物质、压缩气体、有毒、有害、有腐蚀性几类危险品。

(3)使用化学危险品的部门,要建立可行的管理、储存、运输、使用规则。

(4)化学危险物品必须设立专用仓,且要远离作业人员,由专人管理。

(5)项目所购之危险品必须要有省级检验部门测定的相关安全数据。如燃点、闪点、爆炸极限、毒性、燃烧性等安全资料,并且有符合国际的标志和包装。

(6)使用危险品的部门,要根据危险品的种类、性能,设置相应的通风、防火、防爆、防毒、降温、防潮、防静电及隔离等措施。

(7)使用危险品的部门或个人,必须遵守项目的安全管理制度和安全操作规程,严格动火管理,采取防火措施。

(8)部门使用的危险品,必须存放在专用的储存柜内,并且领用量不能超过一个工作日的使用数量,超过一个工作日使用的危险品当班必须存放于专用仓库。

三、危险物品储存管理制度

(1)危险品要设置专门仓库存放,仓库的建设应经过公安部门批准,仓库地点应远离生活区和生产作业区。

(2)危险品要分堆存放,堆与堆之间要有安全距离,不准超量储存。

(3)遇火、遇热或在阳光照射下,容易燃烧、爆炸或产生有毒气体之危险品不得在露天或炽热的地方存放,应存放在阴凉通风的地方。

(4)化学性质,防护、灭火方法相抵触的危险品,不准存放于同一地点。

(5)危险品仓内严禁吸烟和使用明火,对进入仓内之人员要采取防火、防静电措施。

(6)危险品出入库必须检查和登记,分类存取,定期检查。

(7)配备适合的消防器材及通风装置。

(8)危险品出、入库时,应轻拿轻放,防止撞击、拖拉和跌落。

(9)遇热及明火容易引起燃烧和爆炸或产生有毒气体的危险品,在存放过程中,要采取隔热防火、密封等措施。

(10)危险物品经领用出库以后,仓库保管员或项目部安保人员有责任进行跟踪检查,确保危险物品已经正常使用,没有发生走失和丢弃现象。

(11)本制度如与国家有关条例相抵触的,以国家条例为准。

第十二节　消防安全管理制度

水火无情,预防火灾,加强消防安全,是工程施工的一项极其重要的工作。

一、消防安全教育培训制度

(1)每年以创办消防知识宣传栏、开展知识竞赛等多种形式,提高全体员工的消防安全意识。

(2)定期组织员工学习消防法规和各项规章制度,做到依法治火。

(3)各部门应针对岗位特点进行消防安全教育培训。

(4)对消防设施维护保养和使用人员应进行实地演示和培训。

(5)对新员工进行岗前消防培训,经考试合格后方可上岗。

(6)因工作需要,员工换岗前必须进行再教育培训。

(7)消防控制中心等特殊岗位要进行专业培训,经考试合格,持证上岗。

二、防火检查与巡查制度

(1)落实逐级消防安全责任制和岗位消防安全责任制,落实巡查、检查制度,并对消防检查情况进行登记。

(2)消防工作归口管理职能部门每日对施工项目现场进行防火巡查,每月进行一次防火检查,并跟踪复查火灾隐患整改结果。

(3)检查中发现火灾隐患,检查人员应填写防火检查记录,并按照规定,要求有关人员在记录上签名。

(4)检查部门应将检查情况及时通知受检部门,并在通知中明文规定火灾隐患整改落实日期。

(5)各受检部门应按通知的要求及时整改火灾隐患,同时对自检自查发现的火灾隐患也一并进行整改,并将整改结果汇报给检查单位。

(6)施工项目部所属各施工点对检查中发现的火灾隐患未按规定时间及时整改的,根据奖惩制度给予处罚。

三、安全疏散设施管理制度

(1)施工项目部的各施工工区、施工工点都应设有安全疏散通道、安全出口等,所有安全通道和出口必须畅通。

(2)严禁占用疏散通道,严禁在安全出口或疏散通道上安装栅栏等影响疏散的障碍物。

(3)安装有栅门的安全通道,门必须向外开,严禁在作业或工作期间将安全出口上锁。

(4)应按规范设置符合国家规定的消防安全疏散指示标志和应急照明设施。

(5)应保持防火门、消防安全疏散指示标志、应急照明设备、机械排烟送风设备、火灾事故广播等经常处于正常状态,并定期组织检测、维护和保养。

(6)严禁在作业或工作期间将安全疏散指示标志关闭、遮挡或覆盖。

(7)安全通道应经常进行检查,看是否经常处于满足顺利逃生要求。

四、消防控制中心管理制度

(1)施工项目的消防控制中心是关键要害部门,必须有专人负责,专人管理。

(2)消防中心的管理人员应熟悉单位消防应急程序,掌握各类消防设施的使用性能,有指挥扑救火灾工作经验,遇到火灾时有条不紊指挥。

(3)做好消防值班记录和交接班记录，按时交接班，做好值班记录、设备情况、事故处理等情况的交接手续，无交接班手续，值班人员不得擅自离岗。

(4)发现设备故障时，应及时报告，并通知有关部门及时修复。

(5)非工作所需，不得使用消控中心内线电话，非消防控制中心值班人员禁止进入值班室。

(6)任何时间、任何个人不准在消控中心抽烟、睡觉、看书报等，有事离岗应做好代岗交接手续。

(7)发现火灾时，迅速按灭火应急预案紧急处理，并拨打 119 电话通知公安消防部门和报告部门主管。

(8)在防火安全检查中，应对所发现的火灾隐患进行逐项登记，并将隐患情况书面下发各部门限期整改，对存在的火灾隐患应当及时予以消除，同时要做好隐患整改情况记录。

(9)在火灾隐患未消除前，各部门应当落实防范措施，确保隐患整改期间的消防安全对确无能力解决的重大火灾隐患应当提出解决方案，及时向单位消防安全责任人报告，并向单位上级主管部门或当地政府报告。

(10)对公安消防机构责令限期改正的火灾隐患，应当在规定的期限内改正并写出隐患整改的复函，报送公安消防机构。

五、消防设施、器材维护管理制度

(1)公路施工工地的常用消防设备与器材有灭火器、消防水龙头、消防水泵、消防桶、消防铲、消防砂和专用消防材料等。

(2)消防设备和器材由专职管理员负责管理。专职管理员每日检查消防设施和器材的存在状况，应注意保持所有消防设备和器材经常都处于整洁、齐全、正常、完好状态。

(3)所有消防设备和消防器材都应保存在便于取用的地方，消防砂和其他消防器材应标有明显的消防专用字样，任何单位和个人不能将消防砂和其他消防器材移做用于施工。

(4)消防设施和消防设备应定期测试，由安保部进行检查，过期失效的灭火器应及时更换，没有过期的灭火器也应在每年冬防、夏防期间定期两次普查。室内消火栓应每季度测查一次。

(5)对消防器材应经常检查，如发现有丢失、人为损坏，应立即报告上级领导，调查丢失和损坏原因并及时补齐。

六、防止用电走火管理制度

(1)施工项目用电应进行临时用电专项方案设计，应采用三厢五线式接线法，三级配送电线路应按安全规定架设。

(2)严禁随意乱拉乱牵电线，电气线路、设备安装应由持证电工进行，用电设施损坏，应通知电工负责修理。

(3)严禁用破皮老化的电线和不符合安全规定的塑料胶皮电线。

(4)上班和生活场所，人员离开以后应随手关闭电源。

(5)员工宿舍严禁用电炉取暖，试验室电炉应有专人管理使用。

(6)办公室和生活区禁止用电热棒、电炉等大功率电器。

(7)严禁将晾晒的衣物挂在电线上引发短路走火。

七、用火安全管理制度

(1)严格执行动火审批制度，确需动火作业时，作业单位应按规定向消防工作归口管理部门申请“动火许可证”。

(2)动火作业前应清除动火点附近 5 米区域范围内的易燃易爆危险物品或作适当的安全隔离，并向保卫部借取适当种类、数量的灭火器材随时备用，结束作业后应即时归还，若有动用应如实报告。

(3)厨房用火应做到人不离火,火不离人,厨房在下班时应关闭所有的气源、火源,查检有否火灾隐患,经确认安全后锁门离开。

(4)严禁用明火取暖。

(5)易燃易爆现场应张挂明显的防火标志,严禁带火源、火种进入易燃易爆现场。

(6)用火现场应张挂用火管理制度,并明确用火安全责任人。

(7)用火现场必须有齐全的消防设备

第十三节 车辆安全管理制度

一、用车管理规定

施工项目部的生活、办公用车归口由综合办公室管理,施工用车由机械设备部管理,办公、生活用车管理除须遵守综合部"小车管理规定"外,还应遵守下列规定:

(1)全体驾驶人员必须认真学习和遵守交通安全法规和有关规定,自觉遵守交通规则,维护交通秩序,服从交通管理部门的管理。

(2)自觉维护和保持好自己使用的车辆,按时参加年检,使自己的车辆始终保持在良好的运行状态。保证客货运输安全。

(3)在施工现场服从施工负责人的领导和指挥,不得擅离工作岗位,进入现场必须戴好安全帽。

(4)发生交通事故时,及时报告交通管理部门进行处理,并应发扬人道主义精神,对受伤者紧急救护,不得肇事逃逸。

(5)车辆停驶时,应定点、定位、整齐停放,未经允许不准随意停放他处。

(6)节假日期间,除值班车辆以外,其他车辆钥匙一律上交到项目部综合办公室统一保管。

(7)因车辆交通事故给项目部造成一定损失的,按有关规定处理,触犯刑律的送司法部门处理。

二、驾驶人员"十不准"、"五不开"

(一)"十不准"

(1)不准将车交给非驾驶人员驾驶。

(2)不超速,不超载,不准酒后驾车。

(3)驾驶车辆时不准接打手机。

(4)驾车时不准饮食、吸烟、闲谈或嬉戏打闹。

(5)不准开英雄车、斗气车。

(6)不准下坡脱挡滑行。

(7)不准冒险抢道超车。

(8)不准私自拉运货物。

(9)不准私自驾车访亲探友。

(10)不准将车私自交给外人使用。

(二)"五不开"

(1)装载易燃、易爆、剧毒危险品,无防护措施不开。

(2)货物捆扎不牢,人坐不稳不开。

(3)超高、超长、超宽,没办理通行手续,无安全标志不开。

(4)车厢挂钩不牢,车门关闭不好不开。

(5)道路、桥梁、隧道存在隐患,情况不明不开。

第十四节　劳动防护用品管理制度

一、总则

合理发放和使用员工防护用品，是党和国家对企业员工的关怀，有利于员工的安全生产及身体健康。根据上级文件精神，结合本单位实际情况，制定施工项目部劳动安全防护用品发放使用管理制度。

二、劳动保护用品使用管理规定

(1)劳动保护用品是员工在生产过程中安全和健康的辅助设施，它不能替代机械设备的安全防护及对尘毒有害物质的治理。

(2)员工发放的劳动防护用品不是福利待遇，是根据不同工种及不同的劳动条件，按照安全生产的需要，按照标准规定发放，工种未列入及超出标准规定的领用，需经公司资产管理部批准。

(3)防护用品应按不同工种、不同工作环境、不同劳动条件及不同劳动强度发放；应按规定发放标准及使用期限发放。

(4)来项目代培、实习人员，参观人员，进入施工现场所需劳动防护用品，由项目部发给，非低值易耗品用后收回。

(5)分包单位的劳动保护用品按统一式样由项目部统一购买，整体发放给分包单位自行掌握使用，费用由分包单位负担。

(6)公司根据各施工项目部的生产情况，不要求劳保用品使用期限一致，项目部可以根据本项目的合同工期作出具体规定。

(7)新调入本公司的员工，通过三级安全环保教育后，办理个人领用防护用品手续。第一次按标准规定发放，超过半年后随本单位统一按批发放。

(8)因病、事、工伤、产假、专职上学、下岗一个月以上，一般劳保用品停发。离退休、退职或离岗生产半年以上者，工作服停发或顺延，其他防护用品一律停发。

(9)因个人原因丢失和损坏防护用品的一律折价赔偿，赔偿费计算公式：提前领用月数/规定使用月数×现行价格＝赔偿费。

(10)因个人原因造成劳保用品损失，需要补发防护用品时，经本人申请，本单位领导审批，交赔偿费后补发。

(11)员工对领用的防护用品只能用作劳动保护用，不能改制、改做移作他用，不送人、不变卖。

(12)为更好地开展劳动保护，预防工伤事故及职业病发生，工作时间必须穿戴工作服及使用防护用品，上班时间不穿工作服或未按规定使用防护用品的，按违章作业处理办法进行处罚。

第十五节　施工现场安全管理制度

为了塑造企业形象，认真贯彻“以人为本”的思想，提高企业知名度。根据省、市级文明工地的管理规定和主管部门的要求，制定施工现场安全管理制度。

一、施工现场围挡规定

(1)在建工程施工现场必须使用彩钢板围挡或其他监理单位认可的材质围挡，围挡高度不低于2米。要求上线平直，连接紧密，支撑牢固。不得使用破损、污染的钢板，不得使用花栅栏、丝网、塑料彩条布等材料围挡。

(2)应在围挡上加设宣传标语或图案,或公示有关工程信息,或贴写各种施工敬告。以上各种布置必须人性化,不得使用“施工重地”“严禁××”、“后果自负”等警告性官腔语言,并要求板面整洁,字体工整,色彩鲜明,摆布均称,美观大方。

(3)围挡必须设置亮化装置,沿围挡设置串灯、造型灯等,保证夜间亮化效果,并有明显的安全警告提示和灯光信号。

(4)围挡以外应进行必要的绿化,根据施工现场实际情况,沿施工现场周围布置,并经常进行管理,保证绿化效果。

(5)围挡应醒目,识别性强,尽量采用形象化或肢体语言。

二、封闭施工管理规定

(1)公路施工的重点难点施工部位应进行封闭施工管理,设置大门和围墙。

(2)大门和围墙上应书写有关安全文明施工、质量创优、环境建设、企业文化、施工管理等内容的标语。门头要设置灯箱,保证夜间亮化。

(3)施工现场大门口处设置“六牌、二图”。即工程概况牌,安全生产管理牌,文明施工管理牌,消防安全管理牌,廉政建设公示牌,企业文化宣传牌;二图为施工平面图,施工管理网络图。

(4)门口设置警卫室,有专职门卫负责,并建立门卫管理制度,负责进出现场人员、车辆等管理,要明确职责和任务,切实起到警卫作用。

(5)施工现场管理人员和作业人员要佩戴统一制作的工作卡。内容包括单位、照片、姓名、职务、部门、编号等。

(6)现场应进行必要的硬化,污水、雨水排水设施齐全,临路、临街工程门口外硬化与道路相连接。

(7)施工现场内应布置绿化,场地狭窄的应在办公区门前进行绿化。

(8)建筑材料、构件、机具要严格按施工总平面图划定的区域摆放或仓储化,摆放要整齐,要挂定型化的标识牌。

(9)易燃易爆器材要分类堆放,严禁混放和露天存放。具体要求详见《易燃、易爆品管理制度》规定。

(10)施工现场要制定消防措施,成立消防领导小组。分清职责,配足灭火器材料和经过培训的消防人员。详见《消防管理制度》。

(11)在动火危险区动火时,应向主管单位申请并经批准,在危险环境动火,由公司安全管理部和保卫部门批准。施工现场动火,由施工现场负责人批准。动火要设动火监护。

(12)施工现场禁止吸烟。

三、办公、生活临建房屋搭建管理规定

(1)生活区、办公区临建房室内顶棚距地高度:宿舍不低于2.6m,办公室不低于2.8m。室内粉刷白色内墙涂料,室外粉刷白色外墙涂料,墙体上下各30cm为天蓝色外墙涂料,严禁用油毡做屋顶。

(2)工地必须设置男、女厕所,厕所内净高不得低于2.5m,必须全部采用水冲式,并设专人管理,外墙粉刷白色涂料,上下各30cm为天蓝色。

(3)工地必须设置男女沐浴洗澡堂,澡堂净高不低于2.5m,单间隔开,外墙粉刷白色涂料,上下各30cm为天蓝色,并设专人管理。

(4)员工宿舍应美观、坚固、保温、通风、防火、防潮,室内高度不得低于2.6m,地面抹水泥砂浆,墙面应刷白。生活住房禁止和在建工地、加工生产车间混杂在一起。

(5)员工宿舍住房标准见项目部有关管理规定,禁止职工睡通铺。宿舍区应有卫生、消防、治安、防污染等制度和措施;应有消暑和防蚊虫叮咬措施,保持宿舍周围环境卫生和安全。

(6)宿舍及办公室用电必须安全,灯具离地高度不得低于2.4m,低于2.4m时要使用安全电压供电。

(7)生活区、办公区要有明显的标志,并设置导向牌,导向牌要坚固美观。

(8)生活区应建立职工活动室,活动室应配置有扑克牌、象棋、电视机及报纸刊物等,满足职工业余生活学习、娱乐活动室设专人管理。

(9)员工食堂室内高度不低于2.8m,设透气窗和排风扇,墙面抹灰刷白,地面抹水泥砂浆,灶台镶贴磁砖;要设排污水和隔油装置,搞好环境卫生。食堂的管理规定见施工项目部有关管理办法。

(10)生活区、办公区必须设饮水处,保证职工随时喝上干净卫生的水。

(11)生活垃圾应按可回收或不可回收分别装袋或放在容器里,并设专人随时清理。

(12)工地应设有卫生室或巡回医生,配备保健箱,配有专用急救药品和器材,配有经过培训的急救人员。

四、文明、环保施工管理规定

(1)施工项目部应与相关部门签订社会治安综合治理责任状,并建立相应的管理制度。教育职工守纪律、讲道德、语言美,自觉遵守社会公德。

(2)施工项目部应制定不扰民措施并认真落实。

(3)施工临时建筑禁止违章占道、乱搭、乱建,禁止材料乱堆,机械乱停。

(4)施工项目部应制订防尘、防噪声措施;夜间施工须经批准,不准扰民;车辆出入不带污染物,轮胎出场冲洗干净,容易散落的物品运输时应严密加盖。

(5)禁止在施工现场随便焚烧垃圾或其他有毒、有害物质。

(6)生活污染物、施工污染物应按环保要求进行处理;生活区污水系统应按规定设置,禁止随地流淌。

五、施工现场危险源告知制度

(1)推行安全技术交底工作,安全技术交底的一项重要内容就是告知施工项目的危险源。将施工危险情况、采取的措施、解决的办法以书面告知的形式或告知牌的形式通知作业人员。

(2)对于特别危险施工项目除了应一一告知危险源以外,还应将危险程度告知施工作业人员,尤其是对放射污染、有毒有害气体污染的施工作业,应提供特殊必需的安全防护用具和安全防护服装,告知危险岗位的操作规程并确保其熟悉和掌握有关内容。

(3)告知内容主要包括:

①告知重大危险源的识别方法,防止重大事故的第一步是能够识别和确认重大危险源。

②告知危险源存在的三大要素,即事物本身潜在的危险性,危险性存在的条件,危险性的触发因素。

(4)向施工作业人员如实告知防范措施以及事故应急措施,发生事故后的逃生方法等。

(5)向社会公开张榜公布危险源的存在,提醒与工程施工有关的社会人员做好自我保护,避免事故发生波及第三方。

第六章　安全施工专项方案

第一节　安全专项方案的一般规定

一、总则

为了加强对危险性较大的建设工程的控制，确保专项工程施工中不发生安全事故，根据有关规定，公路施工中某些具有高危风险的专项施工作业，应制定专项施工方案。

安全专项方案的重要性主要表现在以下几个方面：

(1)公路工程施工，产品生产的单件性，露天作业条件恶劣性，结构庞大，高空、地下、水下作业多样性，队伍流动性大、素质参差不齐，实施安全管理的困难性，手工操作多、体力消耗大、强度高，造成劳动保护的艰巨性，产品品种多样性、施工工艺多变性，导致施工安全管理的复杂性等性质，施工场地窄小带来多工种作业的立体交叉性，决定了公路施工的很多分部、分项工程施工必须制订安全专项方案，以保证工程在确保安全的前提下保质保量顺利完成。

(2)公路施工的每个分部或分项工程，施工生产工序繁多，工艺复杂，更加上各种新技术、新材料、新工艺、新设备不断地运用到公路施工中，如一座桥从基础、下部结构、上部结构施工至竣工验收，各道施工工序均有其不同的特性，其不安全的因素各不相同。这也是公路施工制订专项方案的必须要求。

(3)随着工程建设的进展，施工现场的不安全因素也在随时变化，要求施工单位必须针对工程进度和施工现场实际情况不断及时地采取安全技术措施和安全管理措施予以保证。

经过层层审查批准后的专项施工方案是强制性文件，必须不折不扣的完全执行，不允许任何人对其有任何改动。如必须进行专项方案变更时，应履行严格的变更程序。

二、公路工程施工高危险性分部分项工程

通过多年来公路工程施工经验总结，公路工程具有高危险性的工作内容大致有以下几个方面(包括永久性工程和临时工程)：

(1)工地临时用电。

(2)滑坡和高边坡处理。

(3)不良地质条件下有潜在危险的土方、石方开挖。

(4)桩基础、挡墙基础、深水基础及深基坑支护。

(5)高大模板工程、高大脚手架工程与满堂式支架工程。

(6)大型构件吊装工程。

(7)桥梁工程中的特殊梁、拱、柱等构件施工，如挂篮悬臂现浇施工等。

(8)旧建筑物拆除工程，大型起吊设备安装与拆除工程。

(9)水上工程中的打桩船作业、施工船作业、外海孤岛作业、边通航边施工作业等；水下工程中的水下焊接、混凝土浇筑、爆破工程等。

(10)隧道开挖工程中不良地质隧道、高瓦斯隧道，水底海底隧道等。

(11)大型临时工程中的大型支架、模板、便桥的架设与拆除，桥梁、码头的加固与拆除工程。

(12)爆破工程。

(13)监理、业主、安监部门要求的其他危险工程等。

对于以上工程内容的施工，施工项目部都应该在施工前，做出相应的安全施工专项方案。

三、专项施工方案的编制程序

(1)专项施工安全方案由项目部经理或项目总工程师组织有关人员编制，项目部组织有关人员集体讨论通过，项目总工签署，报项目部的上级公司审批，再报送施工项目监理部和业主批准。

(2)重大专项施工方案项目部编制完成后，应报项目部的上级公司，由公司组织专家组对专项方案进行审查，提出审查意见。

(3)公司将审查后的专项方案，连同专家审查意见一起发还给项目经理部，项目部根据专家组评审意见重新修订。

(4)修订后再报公司审批，项目部再报时，应特别说明修订时对专家评审意见的落实情况。公司根据修订情况进行审批。

(5)项目部在收到公司的正式批准后，将专项方案连同专家的评审意见、公司的批准意见一起，上报监理处审批并报业主批准后执行。

(6)必要时，专项方案应报当地政府安全监督部门备案。

四、专项施工方案的执行

(1)经批准的专项施工方案，不得随意变动，实施方案所需的安全技术措施经费不得挪作他用。

(2)认真进行专项施工方案实施中的安全生产技术交底工作，安全技术措施中的各种安全设置、防护应列入施工任务单，责任落实到班组或个人，并实行验收制度。施工作业人员必须进行现场安全教育和安全技术交底，否则不得进行作业。

(3)在要害部位和危险区域，采取切实可行的安全防范措施。施工现场要有专职安全人员巡回检查，并设明显标志及警示牌。

(4)专项方案在执行过程中，遇到特殊情况必须改变时，则应重新按相关程序制订。

第二节　安全专项方案的内容组成

根据施工安全管理规定，对涉及具体高危风险项目的施工，都应在施工前由施工项目经理部组织制订安全施工专项方案。专项方案经审查批准后成为施工必须执行的强制性文件。一份完整的安全专项方案一般应包括以下一些内容。

一、总则的内容

(1)编制目的。简述安全专项方案编制的目的、作用等。

(2)编制依据。简述安全专项方案编制所依据的法律法规、规章，以及有关行业管理规定、技术规范和标准等。

(3)编制对象和适用范围。说明安全专项方案编制的项目名称，适用的工程项目范围，适用时间地点，适用条件等。

(4)一般工作原则。说明应急工作的原则，内容应简明扼要、明确具体。

二、工程概况的内容

(1)专项方案所编制的对象工程的基本情况。

(2)施工单位本身的基本情况，主要从人员素质、技术水平、施工经验、机械设备水平说明对该项工程的适应情况。

(3)风险分析。主要阐述本施工项目存在的危险源及这些危险源可能产生的后果,以及编制安全专项方案的必要性。

(4)外界施工环境和施工条件。

三、安全专项方案的核心内容

安全专项方案的核心内容应在以下一些方面详细说明:

(1)编写切实可行的施工工艺、作业方法、流程及操作要领。

(2)施工技术保证措施,重大关键部位的计算资料。

(3)人员、机具、装备的选用配备。

(4)质量、安全、环保施工要求、标准以及保障体系与措施。

(5)对可能出现的危险事故的应急措施。

四、专项方案安全注意事项的内容

(1)关键工序施工质量要求和注意事项。

(2)安全环保施工注意事项。

(3)施工过程中的一些强制性要求说明。

(4)其他说明。

五、附则的内容

(1)重大专项施工方案编制人员,专家组审查人员应列明名单并由本人签名。

(2)危险性重大的专项施工方案应有专项计算书。

(3)专家组对初步方案的审查意见应形成会议纪要书面材料。

(4)编写组在修订初步方案时应有落实专家组审查意见的专门说明。

第三节　安全专项方案示例

示例一　某高速公路工程施工临时用电专项方案

一、编制依据

(1)《低压配电设计规范》(GB 50054—95),中国建筑工业出版社,1995

(2)《建筑工程施工现场供电安全规范》(GB 50194—93),中国建筑工业出版社,1993

(3)《通用用电设备配电设计规范》(GB 50055—93),中国建筑工业出版社,1993

(4)《供配电系统设计规范》(GB 50052—95),中国建筑工业出版社,1995

(5)《施工现场临时用电安全技术规范》(JGJ 46—2005),中国建筑工业出版社,2005

二、工程概况

1.工程基本情况

某高速公路一期土建工程第5合同段,起讫桩号K34+500~K38+500。本合同段为一特大桥合同段,桥梁长1876m,标段全长(含两端接线)4000m。主要工程量有接线路基挖土石方46万m^3,路基填筑75万m^3。桥梁上构形式为先简支后连续4×30+18×3×30+4×30预应力空心板,全桥62孔20链;下部结构形式为钻孔桩基础,圆柱式桥墩,重力式U形桥台。全桥有桩基256根,总桩长8198m,全桥有预制梁板 744 片，混凝土总用方量 14780m^3。

2. 合同工期

合同工期 18 个月。在进行桥梁桩基施工同时，突击完成路基施工，利用路基作为桥梁预制场。

三、施工现场临时用电的原则

施工现场临时用电的三项基本原则是：一是必须采用 TN-S 接地、接零保护系统（三相五线制系统）；二是必须采用三级配电管理；三是必须采用两级漏电保护和两道防护系统。

1. TN-S 系统

TN-S 接地、接零保护系统是指在施工用电工程中采用具有专用保护零线、电源中性点直接接地的 220/380V 三相四线制低压电力系统，或称三相五线系统，该系统主要技术特点是：

(1)电力变压器低压侧中性点直接接地，接地电阻值不大于 4Ω。

(2)电力变压器低压侧共引出五条线，其中除引出三条分别为黄、绿、红的绝缘线相线（火线）外，尚须从变压器低压侧中性点接地处同时引出两条零线，一条称为工作零线，另一条称为保护零线。

2. 三级配电结构管理

三级配电由总配电箱（配电室内的配电柜），经分配电箱（负荷或若干用电设备相对集中处），到开关箱（用电设备处）分三个层次逐级配送电力。用电设备之间必须实行“一机一闸制”，总配电箱、分配电箱内可设若干分路，动力与照明必须分路设置。

3. 两级漏电保护和两道防线

两级漏电保护和两道防线包括了两个内容：一是设置两级漏电保护系统；二是实施专用保护零线。两者组合形成了施工现场的防触电的两道防线。

(1)两级漏电保护是指在整个施工现场临时用电过程中，总配电箱中必须装设漏电开关，所有开关箱中也必须装设漏电开关。

(2)保护零线的实施是临时用电的第二道安全防线。采用 TN-S 系统，是在工作零线以外又增加了一条保护零线，因此 TN-S 接地接零保护系统与两级漏电保护系统一起称之为防触电保护系统的两道防线。

四、施工现场用电组织设计

1. 现场勘测

在充分考察施工场所所在地的地形、地貌及周围现有的电网分布的基础上，确定临时用电线路走向及变压器的选址。本专项方案确定：变压器和总配电房放在桥头不设预制场的另一侧。

2. 拟定具体布设方案

结合现场地形并依据现场勘测资料提供的技术条件，综合确定电源进线、配电装置、用电设备等布设。结合本工程施工现场的实际情况及加工场地、搅拌场地、预制场等的布局，设置变压器 1 台，总功率为 425kV·A。

3. 负荷计算

(1)统计工地施工电机用电总功率、照明生活用电总功率。确定功率系数 k_x。理论上功率因素 k_x=有功功率 P_{jx}/视在功率 $S_{js}=\cos\theta$，θ 为相角。

一般实际工程中，常取 $k_x=\cos\theta=0.8\sim0.85$。

(2)计算总的有功功率 P_{jx}。$P_{jx}=IV\times\sin\theta$，式中 I、V 为相电流和相电压。

(3)计算总的无功功率 Q_{jx}。$Q_{jx}=IV\times\cos\theta$，式中 I、V 为相电流和相电压。

(4)计算视在功率 S_{js}。$S_{js}=(P_{jx}{}^2+Q_{jx}{}^2)^{1/2}$。

从以上可以看出，实际上视在功率 S_{js} 和有功功率 P_{jx}、无功功率 Q_{jx} 三者之间的关系是直角三角形的三条边之间的关系，S_{js} 是三角形的斜边，P_{jx}、Q_{jx} 是另外两条直角边，即 $S_{js}^2=P_{jx}^2+Q_{jx}^2$。

无功功率是建立和维持旋转磁场所消耗的功率，工程实际中，只有电动机才消耗无功功率。在统计出工地总的施工电机用电总功率、照明生活用电总功率以后，通过以上计算，判定拟用变压器功率是否符合要求。

4. 统计计算工地实际相电流累计之和

统计计算工地实际相电流累计之和，用以计算确定导线面积大小，确定开关大小和各种线路用电器大小(计算过程略)。

五、输电线路基本要求

(1)架空线必须采用绝缘导线，架空线必须架设在专用电杆上，严禁架设在树木、脚手架及其他设施上。

(2)架空线导线截面得选择应符合下列要求：

①导线中得计算负荷电流不大于其长期连续负荷允许载流量。

②线路末端电压偏移不大于5%。

③三相五线制线路的N线和PE线截面不小于相线截面的50%，单相线路的零线截面与相线截面相同。

④按机械强度要求，绝缘铜线截面不小于10mm²，绝缘铝线截面不小于16mm²。

⑤在跨越铁路、公路、河流、电力线路档距内，绝缘铜线截面不小于16mm²，绝缘铝线截面不小于25mm²。

(3)架空线在一个档距内，每层导线的接头数不得超过该层导线数的50%，且一条导线只允许有一个接头。在跨越铁路、公路、河流、电力线路档距内，架空线不得有接头。

(4)架空线路相序排列应符合下列规定：

①动力、照明线在同一横担上架设时，导线相序排列是：面向负荷从左侧起依次为 L_1、N、L_2、L_3、PE。

②架空线路的档距不得大于35m；架空线路的线间距不得小于0.3m，靠近电杆的两导线的间距不得小于0.5m。

③架空线路横担间的最小垂直距离必须符合规定，方木横担截面应按80mm×80mm选用，横担长度应符合要求；架空线路与邻近线路或固定物的距离应符合有关规定。

④架空线路应采用钢筋混凝土杆。钢筋混凝土杆不得有露筋或宽度大于0.4mm的裂纹。

⑤电杆埋设深度应为杆长的1/10加0.6m，回填土应分层夯实。在松软土质处应加大埋入深度或采用卡盘等加固。

⑥直线杆和15°以下的转角杆，可采用单横担单绝缘子，但跨越机动车道时应采用单横担双绝缘子；15°～45°的转角杆应采用双横担双绝缘子；45°以上的转角杆，应采用十字横担。

⑦架空线路绝缘子选择原则：直线杆采用针式绝缘子；耐张杆采用碟式绝缘子。

⑧电杆的拉线应采用不少于3根 D4.0mm的镀锌钢丝。拉线与电杆的夹角应在30°～45°。拉线埋设深度不得小于1m。电杆拉线如从导线之间穿过，应在高于地面2.5m处装设拉线绝缘子。

⑨因受地形环境限制不能设拉线时，可采用撑杆代替拉线，撑杆埋设深度不得小于0.8m，其底部应垫底盘或石块。撑杆与电杆的夹角应为30°。

⑩架空线路必须有短路保护。采用熔断器做短路保护时，其熔体额定电流不应大于明敷绝缘导线长期连续负荷允许载流量的1.5倍。采用断路器作为短路保护时，其瞬动过流脱扣器脱扣电流整定值

应小于线路末端单相短路电流。

⑪架空线路必须有过载保护。采用熔断器或断路器做过载保护时，绝缘导线长期连续负荷允许载流量不应小于熔断器熔体额定电流或断路器长延时过流脱扣器脱扣电流整定值的1.25倍。

六、施工现场临时用电安全措施

1.安全用电技术措施

(1)保护接地。将电气设备的金属外壳与接地极之间做可靠的电气连接。

(2)保护接零。将用电设备的金属外壳与供电系统中的零线或专用零线直接做电气连接。

(3)工作接地。从变压器低压端中性极牵出一根零线直接接地。TN-S供电系统，它是把工作零线N和专用保护线PE在供电电源处严格分开的供电系统，也称三相四线制系统。

(4)设置漏电保护器

①施工现场的总配电箱至开关箱应至少设置两级漏电保护器，而且两级漏电保护器的额定漏电动作电流和额定漏电动作时间应进行合理配合，使之具有分级保护的功能。

②开关箱中必须设置漏电保护器。施工现场所有用电设备，除作保护接零外，必须在设备负荷线的首端处安装漏电保护器。

③漏电保护器应装设在配电箱电源隔离开关的负荷侧和开关箱电源隔离开关的负荷侧，不得用于启动电器设备的操作。

④漏电保护器的选择应符合先行国家标准《剩余电流动作保护器的一般要求》(GB 6829)和《漏电保护器安全和运行的要求》(GB 13955)的规定。开关箱内的漏电保护器其额定漏电动作电流应不大于30mA，额定漏电动作时间应小于0.1s。使用潮湿和有腐蚀介质场所的漏电保护器应采用防溅型产品。其额定漏电动作电流应不大于15mA，额定漏电动作时间应小于0.1s。

⑤总配箱中漏电保护器的额定漏电动作电流应大于30mA，额定漏电动作时间应大于0.1s，额定漏电动作电流与额定漏电动作时间的乘积不应大于30mA·s。

⑥总配电箱和开关箱中漏电保护器的极数和线数必须与其负荷侧负荷的相数和线数一致。

⑦配电箱、开关箱中的漏电保护器宜选用无辅助电源型(电磁式)产品，或选用辅助电源故障时能自动断开的辅助电源型(电子式)产品。当选用辅助电源故障时不能自动断开的辅助电源型(电子式)产品时，应同时设置缺相保护。

2.使用安全电压

安全电压指不戴任何防护设备，接触时对人体各部位不造成任何损害的电压。对下列特殊场所应使用安全电压照明器。

(1)隧道、人防工程、有高温、导电灰尘或灯具离地面高度低于2.5m等场所的照明，电源电压应不大于36V。

(2)在潮湿和易触及带电体场所的照明电源电压不得大于24V。

(3)在特别潮湿的场所，导电良好的地面、锅炉或金属容器内工作的照明电源电压不得大于12V。

3.电气设备的设置要求

(1)配电系统应设置配电柜或总配电箱、分配电箱、开关箱，实行三级配电。配电系统应采用三相负荷平衡。220V或380V单相用电设备接入220/380V三相四线系统；当单相照明线路电流大于30A时，应采用220/380V三相四线制供电。

(2)动力配电箱与照明配电箱宜分别设置，如合置在同一配电箱内，动力和照明线路应分路设置，照明线路接线宜接在动力开关的上侧。

(3)总配电箱应设置在靠近电源区域，分配电箱应设置在用电设备或负荷相对集中的区域，分配电箱与开关箱的距离不得超过30m，开关箱与其控制的固定式用电设备的水平距离不应超过3m。

(4)每台用电设备必须有各自专用的开关箱,禁止用同一个开关箱直接控制两台及两台以上用电设备(含插座)。

(5)配电箱、开关箱应装设在干燥、通风及常温场所。不得装设在有严重损伤作用的瓦斯、烟气、潮气及其他有害介质中。也不得装设在易受外来固体物撞击、强烈振动、液体侵溅及热源烘烤的场所。

(6)配电箱、开关箱安装要端正、牢固。固定式配电箱、开关箱的中心点与地面的垂直距离应为1.4~1.6m。移动式分配电箱、开关箱应设在坚固、稳定的支架上。其中心点与地面的垂直距离应为0.8~1.6m。配电箱、开关箱应采用冷轧钢板或阻燃绝缘材料制作,钢板的厚度应为1.2~2.0mm,其中开关箱箱体钢板厚度不得小于1.2mm,配电箱箱体钢板厚度不得小于1.5mm,箱体表面应做防腐处理。

(7)配电箱、开关箱中导线的进线口和出线口应设在箱体下底面,严禁设在箱体的上顶面、侧面、后面或箱门处。

4.电气设备的安装要求

(1)配电箱、开关箱内的电器(含插座)应首先安装在金属或非木质的绝缘电器安装板上,然后整体紧固在配电箱、开关箱箱体内。金属板与配电箱体应作电气连接。

(2)配电箱、开关箱内的各种电器(含插座)应按其规定位置紧固在电器安装板上,不得歪斜和松动。并且电器设备之间、设备与板四周的距离应符合有关工艺标准的要求。

(3)配电箱的电器安装板上必须分设N线端子板和PE线端子板。N线端子板必须与金属电器安装板绝缘;PE线端子板必须与金属电器安装板作电气连接。进出线中的N线必须通过N线端子板连接;PE线必须通过PE线端子板连接。

(4)配电箱、开关箱内的连接线应采用铜芯绝缘导线,导线绝缘的颜色标志应按相线L_1(A)、L_2(B)、L_3(C)相序的绝缘颜色依次为黄、绿、红色;N线的绝缘颜色为淡蓝色;PE线的绝缘颜色为绿/黄双色;排列整齐,任何情况下上述颜色标记严禁混用和相互代用。导线分支接头不得采用螺栓压接,应采用焊接并做绝缘包扎,不得有外露带电部分。

(5)配电箱、开关箱的金属箱体、金属电器安装板以及电器的正常不带电的金属底座、外壳等,必须通过PE线端子板与PE线作电气连接,金属箱门与金属箱体必须通过采用编织软铜线作电气连接。

(6)配电箱后面的排线需排列整齐,绑扎成束,并用卡钉固定在盘板上,盘后引出及引入的导线应留出适当余度,以便检修。

(7)导线剥削处不应伤线芯过长,导线压头应牢固可靠,多股导线不应盘卷压接,应加装压线端子(有压线孔者除外)。如必须穿孔用顶丝压接时,多股线应刷锡后再压接,不得减少导线股数。

(8)配电箱、开关箱的进、出线口应配置固定线卡,进出线应加绝缘护套并成束卡固在箱体上,不得与箱体直接接触。移动式配电箱、开关箱、出线应采用橡皮护套绝缘电缆,不得有接头。

(9)配电箱、开关箱外形结构应能防雨、防尘。

5.用电管理要求

(1)电工必须经过按国家现行标准考核合格后,持证上岗工作;其他用电人员必须通过相关安全教育培训和技术交底,考核合格后方可上岗工作。

(2)安装、巡检、维修或拆除临时用电设备和线路,必须由电工完成,并应有人监护。电工等级应同工程的难易程度和技术复杂性相适应。

(3)各类用电人员应掌握安全用电基本知识和所用设备的性能。使用电气设备前,必须按规定穿戴和配备好相应的劳动防护用品。

(4)应经常检查电气装置和保护设施,严禁设备带"缺陷"运转,发现问题及时报告解决。

(5)暂时停用设备的开关箱必须分断电源隔离开关,并应关门上锁。

(6)移动电气设备时,必须经电工切断电源并做妥善处理后进行。

6. 电气设备使用与维护要求

(1)配电箱、开关箱应有名称、用途、分路标记及系统接线图;箱门配锁,并应由专业电工负责管理。

(2)配电箱、开关箱应每月进行一次检查和维修。检查、维修人员必须是专业电工。检查、维修时必须按规定穿戴绝缘鞋、手套,必须使用电工绝缘工具,并应做检查、维修工作记录。

(3)对配电箱、开关箱进行定期维修、检查时,必须将其前一级相应的电源隔离开关分闸断电,并悬挂"禁止合闸、有人工作"停电标志牌,严禁带电作业。

(4)配电箱、开关箱必须按照下列顺序操作。送电操作顺序为:总配电箱→分配电箱→开关箱;停电操作顺序为:开关箱→分配电箱→总配电箱。出现电气故障的紧急情况可除外。

(5)施工现场停止作业 1 小时以上时,应将动力开关箱断电上锁。

(6)配电箱、开关箱内不得放置任何杂物,并应保持清洁。

(7)配电箱、开关箱内不得随意挂接其他用电设备。

(8)配电箱、开关箱内的电器配置和接线严禁随意改动。熔断器的熔体更换时,严禁用不符合原规格的熔体代替。漏电保护器每天使用前应启动漏电试验按钮试跳一次,试跳不正常时严禁继续使用。

(9)配电箱、开关箱得进线和出线严禁承受外力,严禁与金属尖锐断口、强腐蚀介质和易燃易爆物接触。

7. 施工现场电缆线路要求

(1)电缆中必须包含全部工作芯线和作用保护零线或保护线的芯线。需要三相五线制配电的电缆线路必须采用五芯电缆。五芯电缆必须包括含淡蓝、绿/黄双色绝缘芯线。淡蓝色芯线用作 N 线;绿/黄双色芯线用作 PE 线,严禁混用。

(2)电缆线路应采用埋地或架空敷设,严禁沿地面明设,并应避免机械损伤和介质腐蚀,埋地电缆路径应设置方位标志。

(3)电缆类型应根据敷设方式、环境条件等选择。埋地敷设应采用铠装电缆;当选用无铠装电缆时,应能防水、防腐。架空敷设应采用无铠装电缆。

(4)电缆直接埋地敷设的深度不应小于 0.7m,并应在电缆紧邻上、下、左、右侧均匀敷设不小于 50mm 厚的细砂,然后覆盖砖或混凝土板等硬介质保护层。

(5)埋地电缆在穿越建筑物、构筑物、道路、易受机械损伤、介质腐蚀场所及引出地面从 2.0m 高到地下 0.2m 处,必须加设防护套管,防护套管的内径不应小于电缆外径的 1.5 倍。

(6)埋地电缆与其附近外电电缆和管沟的平行间距不得小于 2m,交叉间距不得小于 1m。

(7)埋地电缆的接头应设在地面上的接线盒内,接线盒应能防水、防尘、防机械损伤,并应远离易燃、易爆、易腐蚀场所。

(8)架空电缆应沿电杆、支架或墙壁敷设,并采用绝缘子固定,绑扎线必须采用绝缘线。固定点间距应保证电缆能承受自重所带来的荷载,沿墙壁敷设时最大弧垂距地不得小于 2.0m。

(9)在建工程内的电缆线路必须采用电缆埋地引入,严禁穿越脚手架引入。电缆垂直敷设应充分利用在建工程的竖井、垂直孔洞等,并应靠近用电负荷中心,固定点每楼层不得少于一处。电缆水平敷设应沿墙或门口刚性固定,最大弧垂距地不得小于 2.0m。

(10)电缆线路必须有短路保护和过载保护。

8. 室内线路及照明要求

(1)室内配线必须采用绝缘导线或电缆。

(2)室内配线应根据配线类型采用瓷瓶、瓷(塑料)夹、嵌绝缘槽、穿管或钢索敷设。潮湿场所或埋地非电缆配线必须穿管敷设,管口和管接头应密封;当采用金属管敷设时,金属管必须做等电位连接,且必须与 PE 线相连接。

(3)室内非埋地明敷主干线距离地面高度不得小于2.5m。

(4)架空进户线的室外端应采用绝缘子固定,过墙处应穿管保护,距地面高度不得小于2.5m,并应采取防雨措施。

(5)室内配线所用导线或电缆的截面应根据用电设备或线路的计算负荷确定,但铜线截面不应小于1.5mm²,铝线截面不应小于2.5mm²。

(6)钢索配线的吊架间距不宜大于12m。采用瓷夹固定导线和电缆时,瓷夹可直接敷设在钢索上。

(7)室内配线必须有短路保护和过载保护。

七、用电消防安全措施

1.用电施工现场发生火灾的主要原因

(1)电气线路超过负荷。

(2)线路短路。

(3)接触电阻过大。

(4)变压器、电动机等设备运行故障。

(5)电热设备、照灯具使用不当。

(6)电弧、电火花引起火灾。

(7)用电器熔断器不匹配。

(8)使用了非正规厂家生产的不合格电器产品。

施工现场由于电气引发的火灾原因不止以上几点,还可能有多种,要求用电人员和现场管理人员认真执行操作规程,加强检查,用电消防安全是可以保证的。

2.预防电气火灾的措施

(1)施工组织设计时,要根据电气设备的用电量正确选择导线截面,从理论上杜绝线路过负荷使用。保护装置要认真选择,当线路上出现长期过负荷时,能在规定时间内动作保护线路。

(2)导线架空敷设时,其安全间距必须满足规范要求。当配电线路采用熔断器作短路保护时,熔体额定电流一定要小于电缆或穿管绝缘导线允许载流量的2.5倍,或明敷绝缘导线允许载流量的1.5倍。应经常教育用电人员正确执行安全操作规程,避免作业不当造成火灾。

(3)电气操作人员要认真执行规范,正确连接导线,接线柱要压牢、压实。各种开关触头要压接牢固。铜铝连接时要有过渡端子,多股导线要用端子或刷锡后再与设备安装,以防加大电阻引起火灾。

(4)配电室的耐火等级要大于三级,室内配置砂箱和绝缘灭火器。严格执行变压器的运行检修制度,按季度每年进行4次停电清扫和检查。现场中的电动机严禁超载使用,电机周围无易燃物,发现问题及时解决,保证设备正常运转。

(5)施工现场内严禁使用电炉子。使用碘钨灯时,灯与易燃物间距要大于30cm,室内不准使用功率超过100W的灯泡,严禁使用床头灯。

(6)使用焊机时要执行用火证制度,并有人监护。施焊周围不能存在易燃物体,并备齐防火设备。电焊机要放在通风良好的地方。

(7)施工现场的高大设备和有可能产生静电的电气设备要做好防雷接地和防静电接地,以免雷电及静电火花引起火灾。

(8)存放易燃气体、易燃物仓库内的照明装置一定要采用防爆型设备,导线敷设、灯具安装、导线与设备连接均应满足有关规范要求。

(9)配电箱、开关箱内严禁存放杂物及易燃物体,并派专人负责定期清扫。

(10)设有消防设施的施工现场，消防泵的电源要由总箱中引出专用回路供电，而且此回路不得设置漏电保护器，当电源发生接地故障时可以设单相接地报警装置。有条件的施工现场，此回路应由两个电源供电，供电线路应在末端可切换。

(11)施工现场应建立防火检查制度，强化电气防火领导体制，建立电气防火队伍。

(12)施工现场一旦发生电气火灾时，扑灭电气火灾应注意以下事项：

①迅速切断电源，以免事态扩大。切断电源时应戴绝缘手套，使用有绝缘柄的工具。当火场离开关较远需剪断电线时，火线和零线应分开错位剪断，以免在钳口处造成短路，并防止电源线掉在地上造成短路使人员触电。

②当电源线因其他原因不能及时切断时，一方面派人去供电端拉闸，另一方面灭火时，人体的各部位与带电体应保持一定安全距离，必须穿戴绝缘用品。

③扑灭电气火灾时要用绝缘性能好的灭火剂，如干粉灭火机、二氧化碳灭火器、1211 灭火器或干燥沙子。严禁使用导电灭火剂进行扑救。

八、安全用电"十大禁令"

(1) 严禁私拉乱接电源。用电必须报装，线路的架设和设备及安装必须符合供电部门电器设备安装、运行规程的要求。

(2) 严禁指派无证电工管电。如违反此规定发生设备损失和人身触电伤亡事故，要严格追究指派者的法律责任。

(3) 严禁金属外壳无接地装置的用电设备投入运行。低压用电设备都应安装漏电保护开关。

(4) 严禁在高压电力线下修建驻地、工棚和堆放易燃、易爆物品；大型机具设备和人员在高压线路下施工必须保持一定的安全距离。

(5) 严禁私设电网和一线一电用户。一切临时用电线路必须符合安全要求，要有安全措施并有专人负责。用电完毕必须即行断电拆除。

(6) 严禁带电移动电气设备和修理电气设备。

(7) 严禁用电炉取暖和用电热棒烧开水。

(8) 严禁用铝线、铁丝代替保险丝。安装保险丝时，要符合电器安装规程要求。

(9) 严禁信号接收天线靠近高压线，并应保证天线架倒塌时与高压线有 2m 以上的安全距离。

(10) 严禁现场抢救触电者打强心针。抢救触电者应就地进行正确的人工呼吸法抢救。

示例二　某高速公路路基石方爆破专项施工方案

一、总则

1. 编制依据

(1)《爆破工程施工及验收规范》(GB 50201—2012)；

(2)《爆破安全规程》(GB 6722—2011)；

(3)《中华人民共和国民用爆炸物品管理条例》；

(4)《施工现场临时用电安全技术规范》(JGJ 46—2005)；

(5)施工项目部关于本合同段工程的施工组织设计。

2. 工程概况

某高速公路一期土建工程第二合同段，起讫桩号 K24＋500～K28＋500。路线全长 4000m。主要工程量有路基挖土石方 126 万 m^3，路基填方 95 万 m^3。其中路基挖方中有石方 75 万 m^3，需要进行爆破施工，合同工期 18 个月。

3.编制范围

本专项方案只适用于本合同段工程中路基石方爆破施工。

二、爆破方案设计步骤

1.准备工作

(1)项目经理部根据设计文件、地质勘探报告及施工条件确定路基石方的施工方案，编制施工组织设计文件，对进行石方爆破施工路段的工程数量进行复核。

(2)搜集爆破区域内的爆破环境情况，本爆破区域周围300m范围之内均无民房和通信、电视光缆等重要设施，施爆区环境较好，有利于施工。根据爆破对象、周边环境及施工要求，为确保安全爆破及爆破后产生飞石、冲击波对周边影响，决定采用浅孔爆破方案。

(3)实地钻芯取样测定岩石硬度 P(岩石的极限抗压强度，单位MPa)。

工程上一般把 P 值大于或等于80MPa的岩石称为坚石，P 值在30～80MPa之间的岩石称为次坚石，P 值小于30MPa的岩石称为软石。根据岩石的坚硬程度确定炮眼设计。

2.爆破方案设计

(1)确定爆破参数

炮孔间距：$a=1.5\sim1.8$ m

炮孔排距：$b=1.0\sim1.2$ m

炮孔深度：$L=1\sim4$ m

最小抵抗线：$W=0.8\sim1.0$ m

堵塞长度 L_d：大于1/3炮孔深度

炸药单耗：$q=0.3\sim0.4\text{kg/m}^3$(含二次爆破用药)

单孔装药量：$Q=qabL=0.5\sim2.6$kg

(2)布孔方式

采用梅花形倾斜布孔，个别地方根据现场地形实际情况布孔。

(3)起爆网络设计

结合工程实际，采用非导电爆管毫秒微差起爆网络。一般微差时间选取50～100ms。单响药量值控制在安全范围内。采用2～3排为一次，孔内毫秒延期(选用1、3、5段非电雷管)，导爆管四通全闭合连接，火雷管击发起爆。装药结构一般采用硝胺炸药连续装药结构，孔内有水时用 $\phi32$ 乳化炸药进行防水处理。

3.安全校核计算

(1)爆破振动安全距离 R 计算

$$R=(k/v)^{1/\alpha}\times Q^{m} \tag{6-1}$$

式中：R——爆破振动安全距离(m)；

v——振动安全速度(cm/s)；

k——地形地质系数及衰减系数，取 $k=200$；

Q——最大段起爆药量(kg)；

m——药量指数，取1/3；

α——衰减系数指数，实际计算时取1.5。

根据国家标准《爆破安全规程》(GB 6722—2010)的规定，一般砖混结构房屋的安全振动速度为3cm/s，从现场来看，设计最大一段起爆药量为18kg，代入式(6-1)得 $R=42.6$m，即在爆破区域42.6m以外的建(构)筑物是安全的，而爆破区周围300m范围之内并无任何房屋。

(2)爆破冲击波安全距离 R_k 计算

$$R_k = K \times Q^{1/2} \tag{6-2}$$

式中:R_k——空气冲击波安全距离(m);

K——安全系数,取 $K=2.0$;

Q——最大一段起爆药量(kg),本设计段最大用药量 $Q=18$ kg。

代入式(6-2)计算得 $R_k=8.5$m。爆破空气冲击波的影响范围较小。

(3)爆破飞石安全距离 R_r 计算

$$R_r = 20K \times n^2 \times W \tag{6-3}$$

式中:R_r——飞石安全距离(m);

K——安全系数,取 $K=2.0$;

n——爆破作用指数,取 $n=1.0$;

W——最小抵抗线(m);根据拟订的爆破参数,取 $W=1.0$m。

代入式(6-3),计算得 $R_r=40$m。

为防止个别飞石伤人,需采取如下防护措施:

①要求严格按爆破设计进行施工。

②保证堵塞长度和堵塞质量。

③布孔时尽量避开节理发育的岩石。

④对地质断层要进行装药调整。

⑤必要时对炮眼采取覆盖措施。

⑥划定 50m 半径范围内为警戒区,设置警戒线,爆破时撤离所有人员及机械设备。

⑦建立警告信号,放炮时路口在 100m 范围外安排警戒哨,禁止一切行人、车辆通行。

4. 安全防护设计

(1)成立爆破领导小组,制订专人负责日常的施工组织工作,分工明确,责任到人。制订具体的岗位责任制,并监督落实。

(2)采用微差爆破技术,达到控制爆堆扩散方向、范围,使之避开被保护物和降低大块率,并能按不同要求控制单响起爆药量的大小,降低振动效应。

(3)施工过程中,钻孔、装药、堵塞、警戒、起爆等关键性的工艺流程,应根据现场变化及时调整,严格要求每项工艺的施工质量。采用导爆管四通连接网络时,方法要正确,操作人员要熟练。

(4)起爆网络采用复式起爆网络的连接方法,确保准确起爆,以免产生拒爆。为保证爆破效果,每孔采用两个起爆炸药,做到双保险。

(5)现场设立安全生产标语和警戒标志,施工前进行安全技术交底,使职工增强安全意识。在每次爆破时应根据爆破规模,确定安全范围,并在道边、危险区边界、路口派出岗哨,只有在确保安全状态下,才能发出起爆信号。

(6)爆破作业中,所有进行爆破的人员必须经过培训,考试合格后取得爆破员上岗证,才能进行爆破操作,其他无关人员一律撤出爆破施工现场。爆破器材的领用应严格遵守规章制度和《中华人民共和国民用爆炸物品管理条例》。

(7)合理组织开挖顺序,控制现场施工变化因素,及时协调解决钻爆场地与挖运清渣的矛盾。

(8)凡从事爆破作业的人员均要经过公安部门培训,取得合格证且从事爆破作业经历在一年以上,并持证上岗。

(9)在项目经理部的统一领导下,设置专门承担爆破施工的爆破作业组。

5. 爆破作业流程

爆破施工作业流程框图如图 6-1 所示。

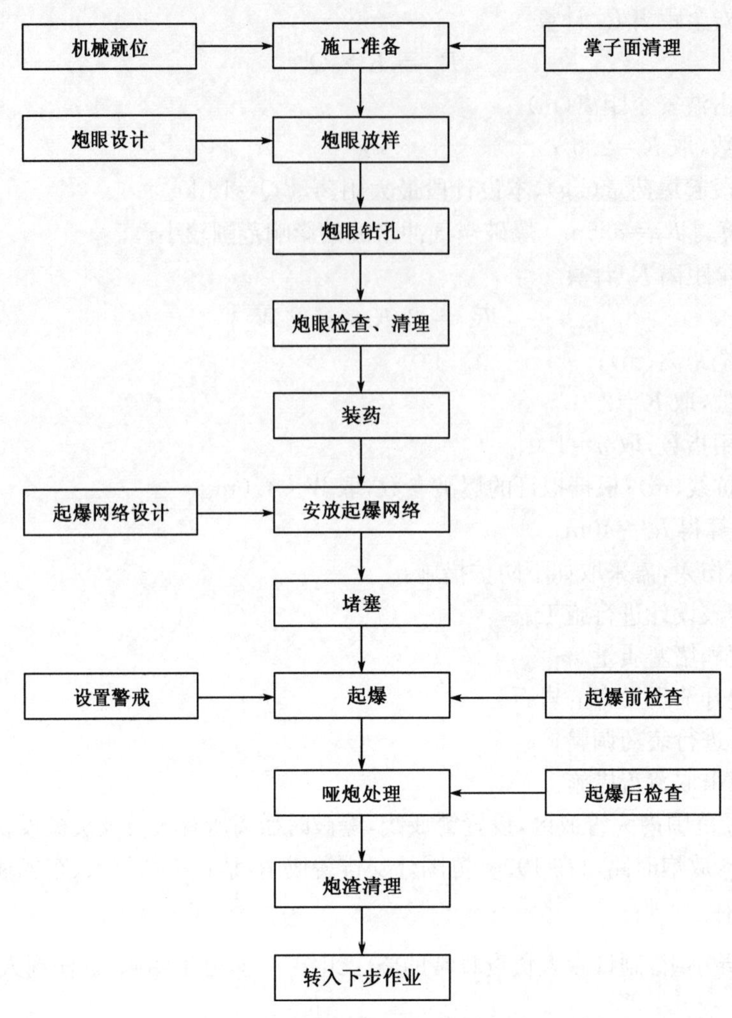

图 6-1　爆破施工作业流程框图

三、安全管理措施

(一)建立爆破施工专业组

爆破作业组由下列人员组成:组长 1 名,持有爆破工程师证,中级以上称职;爆破员 2 名以上,持有爆破员证;安全员 1 名,持有爆破工程技术人员安全作业证,初级以上;押运员 2 名,持有爆破器材安全员证;保管员 1 名,持有爆炸物品保管员合格证。

(二)制订人员职责

1. 爆破工程师职责(组长)

(1)对整个爆破作业的安全和技术全面负责,是爆破施工的第一责任人。

(2)负责爆破工程的设计和总结,指导施工,检查质量。

(3)制订爆破安全的技术措施,检查实施情况。

(4)负责制订盲炮处理的技术措施,进行盲炮处理的技术指导。

(5)参加爆破事故的调查和处理。

2. 爆破员职责

(1)按爆破设计规程进行爆破作业。

(2)按规范进行爆破施工,安全使用爆破器材。

(3)妥善管理爆炸物品,不乱放、不私自转交或赠送,不擅自销毁。

(4)爆破后认真检查现场,发现盲炮和其他不安全情况及时上报。

(5)爆破结束后,剩余的爆破器材及时清点交回爆破器材库,不得私自保存。

3. 安全员职责

(1)安全员必须认真学习和执行《中华人民共和国民用爆炸物品管理条例》、《中华人民共和国爆破安全生产操作规程》、《中华人民共和国治安管理处罚条例》,必须对参与爆破施工的工作人员开展经常性的安全生产教育。

(2)安全员必须熟悉爆破器材性能、特点。

(3)安全员必须尽职尽责,对爆破器材在购买、运输、储存、保管、使用、领取和清退等环节中认真履行安全职责,行使监督权力。

(4)安全员必须协助爆破员在放炮前进行细致的安全检查,监督爆破作业现场在炮眼打钻至装药放炮等操作全过程,纠正违章,确保安全,并认真负责地做好警戒工作。

(5)安全员必须承担爆破事故的安全责任,不论发生何种事故,必须坚持"一抢救、二汇报、三总结"的工作原则。

(6)安全员因违反《安全法》、《民用爆破物品管理法》、《爆破安全生产操作规程》造成后果的,依照国家相关法律处罚,情节严重者,依法追究刑事责任。

4. 保管员职责

(1)执行并监督实行按需领用,专人保管。

(2)严格按规定手续发放爆破器材。

(3)按规定进行爆破器材出入检查,现场耗用登记。

(4)按规定堆放爆破器材。

(5)及时报告各种安全隐患,发现爆破器材短少、丢失、被盗等情况,必须及时报告单位领导和公安机关。

5. 押运员职责

(1)严格按国家规定的运输工具进行安全押运。

(2)检查物品包装牢固情况,严禁爆破器材和其他物品混装。

(3)监督装卸人员安全装卸,监督爆炸物品安全运输。

(4)制止驾驶员将危险物品装载车辆停放在人烟稠密和桥梁等处。

(5)严格入库前清点工作,发现爆破器材丢失、被盗立即向当地公安机关报告。

(三)爆破材料及设备进场管理

1. 购买爆炸物品规定

(1)申报购买爆炸物品时,必须如实申报库存数量。

(2)审批爆炸物品申请报告时,必须现场核实库存数量,不得越权审批。

(3)购买爆炸物品数量加上库存数量不得超过规定限额。

2. 押运爆炸物品规定

(1)押运爆炸物品必须由押运员押运。

(2)性质相抵触的爆破器材不得同车混装。

(3)按公安机关制定的日期、路线、行车速度行驶。

(4)押运的爆炸物品直接送至仓库存放,当面清点登记。

(5)发生爆炸物品短少、被盗的,应立即报告公安机关。

3. 领用爆炸物品规定

(1)领用爆炸物品凭签字手续齐全的领料单领取。

(2)领用爆炸物品必须由爆破员、安全员同时领取、签字，性质相抵触的爆炸物品分人领取。

(3)领用的爆炸物品存放到现场保管箱(双人双锁)内。

4. 爆炸物品使用规定

(1)在爆破现场，爆炸器材存放在现场保管箱内，并专人负责看管。

(2)爆破人员随身佩证上岗。

(3)接触爆炸器材时不得使用明火或吸烟。

(4)在爆破现场实施爆破警戒区。

(5)认真填写安全监督日记。

5. 清退爆炸物品规定

(1)当天剩余的爆炸物品必须由爆破员、安全员退库。

(2)退库的爆炸物品认真清点、登记。

(3)现场保管箱必须退回仓库存放。

四、爆破器材库存保管制度

根据《爆破安全规程》，为了防止爆破物品变质、自燃、爆炸、被盗、丢失等情况，加强爆破器材库区的设置、存放、收发、使用、运输管理，制定管理制度。

1. 爆破器材仓库的设置管理

(1)爆破器材库的位置、结构和设施等设置，要符合《爆破安全规程》的规程和要求，经主管部门审定，并报当地县(市)公安局批准。

(2)库区要避开有山洪、滑坡和有地下水活动危害的地方，应尽量利用山丘等天然屏障，库房多时，相邻库房不得长边相对布置。

(3)雷管库应布置在库区的一端。在库区周围应设铁丝网或围墙。

(4)库区办公室、生活服务性建筑应布置在安全的地方。

2. 爆破器材的存放管理

(1)爆破器材的存放必须符合《爆破安全规程》的规定。

(2)爆破器材必须储存在专用的仓库，指定专人看管，不准任意存放，严禁将爆破器材分发给个人保管。

(3)装硝化甘油类炸药、各种雷管和继爆管的箱(袋)应放在垫木上，架、堆相互之间的通道宽度不小于1.3m。

(4)在架上堆放硝化甘油类炸药和雷管时，禁止叠放。

(5)爆破器材箱(袋)距上层架板的间距不得小于4cm，架宽不超过两箱(袋)的宽度。

(6)货架(堆)与墙壁的距离不小于20cm。

(7)堆放导火索、导爆索和硝铵类炸药等的货架(堆)高度不超过1.6m。

(8)每个库房的储量不得超过其设计容量。库内必须整洁、防潮和通风良好，要杜绝鼠害。性质相抵触的爆破器材必须分库储存，库房内严禁存放其他物品。

(9)严禁穿铁钉鞋和易产生静电的化纤衣服进入库房，开箱应使用不产生火花的工具，并在专设的发放间内进行。严禁无关人员进入库区；严禁在库区内吸烟用火；严禁在库区内住宿和进行其他活动。

(10)必须经常测定库房的温度和湿度，并经常检查库房的情况。发现硝化甘油类炸药箱渗油、冻结和硝酸铵类炸药吸潮结块，应及时处理。

(11)运至爆破地点的爆破器材要有专人看管。

(12)一般爆破作业时,作业地点只准堆放当班作业所需要的爆破器材;大爆破作业时,作业地点只堆放本次作业所需的爆破器材;且爆破器材不得靠近爆破体堆放。

(13)发现爆破器材丢失、被盗,必须及时向主管部门和当地公安机关报告。

(14)爆破器材临时在露天场地堆放时,要经单位安全保卫部门和当地县(市)公安机关批准,并遵守下列规定:

①堆放场选择在安全的地方,并严加看管,昼夜有警卫巡逻。

②堆放爆破器材的场地不得堆放任何杂物。炸药堆与雷管的距离不小于25m。严禁混放。

③爆破器材应堆放在垫木上,禁止直接堆放在地上。在爆破器材堆上,应覆盖帆布或搭简易的帐篷。

④距堆放场周边100m范围内严禁烟火。

3.爆破器材的收发管理

(1)对新购进的爆破器材应逐箱(袋)检查包装情况,并按规定进行性能检查。

(2)建立爆破器材流水账、三联单或领用单和退料单制度,定期核对账目,做到账物相符。

(3)爆破器材的发放应在单独发放间(发放硐室)里进行,严禁在储存爆破器材的库房、洞室里发放。

(4)严禁穿铁钉鞋和易产生静电的化纤衣服进入库房。开箱应使用不产生火花的工具。并在专设的发放间内进行。

(5)变质的和性能不详的爆破器材,不得发放使用。

(6)爆破器材应按其出厂时间和有效期的先后顺序发放使用。

4.爆破器材的使用管理

(1)使用爆破器材必须经有关部门审查同意,并持有说明使用爆破器材地点、品名、数量、用途等的申请报告,向所在地县、市公安局申请领取《爆炸物品使用许可证》,方能使用。

(2)爆破作业必须由经过考核合格的爆破员担任。

(3)进行爆破作业时,遵守爆破安全操作规程,要有专人负责指挥,在危险区的边界,设置警戒岗哨和标志;在爆破前发出信号,待危险区的人员撤至安全地点后,方准爆破。爆破后,必须对现场进行检查,确认安全后,才能发出解除警戒信号。

(4)进行大型爆破作业,或在城镇与其他居民聚居的地方、风景名胜区和重要工程设施附近进行控制爆破作业,必须事先将爆破作业方案,报县、市以上主管部门批准。并征得所在地县、市公安局同意,方能爆破作业。

(5)使用爆破器材,必须建立严格的领取、清退制度。爆破员领取爆破器材,必须经班组长或现场负责人批准,领取数量不得超过当班使用量,剩余的要当天退回。

(6)严禁非爆破人员进行爆破作业,严禁使用爆破器材炸鱼、炸兽。

5.爆破器材的运输管理

(1)用汽车、轮船和畜力运输时,必须遵守《爆破安全规程》的规定和国家有关运输规则的安全要求。

(2)用人工搬运时,要遵守下列规定:

①装卸爆破器材时,应尽量在白天进行,要有专人负责组织和指导安全操作。装卸人员必须懂得装卸爆破器材的安全常识;装卸现场,应当设置警戒岗哨,禁止无关人员进入。

②在夜间或井下搬运,应随身携带完好的矿用蓄电池灯或绝缘手电筒。

③炸药与雷管要分别放在两个专用背包(木箱)内,禁止装在衣袋。

④领用爆破器材后,要直接送到爆破地点,严禁乱丢乱放。

⑤不得提前班次领取爆破器材,不得携带爆破器材在人群聚集地方停留。

⑥一人一次运送的爆破器材数量不得超过:同时搬运炸药和起爆器10kg;拆箱(袋)搬运炸药

20kg;背运原包装炸药一箱(袋);挑运原包装炸药两箱(袋)。

6.爆破器材的检验管理

(1)对新入库的爆破器材应抽样进行性能检验。对超过储存期、出厂日期不明和质量可疑的爆破器材,必须进行严格的检验,以确定其能否使用。爆破器材的检验应由库房保管和实验员进行。爆炸性能的检验,应在安全的地方进行。

(2)经过检验,确认失效及不符合技术要求或国家标准的爆破器材,均应销毁。销毁爆破器材时,必须登记手册并编写书面报告,按规定批准后方可执行。

五、安全保证措施

(1)由项目部联系公安派出所对从事爆破作业人员的合法证件进行检查,并组织工程部安全人员对爆破作业人员进行岗前安全技术再培训。

(2)设立爆破队伍专职警戒人员、专职起爆人员、工地负责人,每一次爆破作业前,警戒人员手拿信号旗,哨子按200m半径圈在四周和路口处警戒,防止非作业人员进入。同时工地负责人检查爆区安全情况发出第一次警报,当确认安全后发出第二次点炮信号,起爆人员方可进行点炮。爆破后爆破员检查爆破现场,确认所有炸药均已引爆,没有事故隐患后,发出解除警戒信号。

(3)项目经理部设立爆破领导人和专职爆破工程师,定期对爆破施工队进行安全技术指导,深孔爆破要有一名爆破作业领导人现场指挥。

(4)定期和不定期由项目经理部安全、公安人员检查各爆破作业施工队的领用、使用、储存是否依照《爆破安全规程》执行,剩余少量火工品是否分类存放于项目经理部设置的炸药库。

(5)项目经理部建立有效的奖惩机制,对检查违章作业的事和人员严格处罚,强令其整改,整改无效果的队伍、人员应清退出场。对严格按《爆破安全规程》作业的施工队伍和人员应予以奖励。

(6)起爆药包和预裂孔药串的制作,应按《爆破安全规程》和爆破设计的要求进行制作。

(7)盲炮和瞎炮处理办法按《爆破安全规程》规定的办法由有经验的爆破员进行处理。采取如下方法处理:①经检查确认炮孔起爆线路完好的,可以重新起爆;②距盲炮和瞎炮孔口不小于0.3m位置平行打眼装药起爆;③用木制或竹制工具,轻轻将炮眼内大部分填塞物掏出并浇水,使炸药失效,但必须采取措施回收雷管;④用聚能药包诱爆。如果炸药是抗水硝铵炸药则用聚能药包诱爆,对于深孔,经检查起爆网络完好时,且最小抵抗线无变化的,可重新连线起爆;⑤距盲炮或瞎炮炮孔口不小于10倍炮孔直径处另打平行孔装药起爆,爆破参数由爆破工作负责人确定;⑥所用炸药为非抗水硝铵炸药,且孔壁完好者,可部分取出填塞物,向孔内灌水,使之失效,然后作进一步处理;抗水硝铵类炸药用聚能药包诱爆。

(8)恶劣天气或夜晚照明条件不好时,不允许爆破作业。遇到雷雨时,应迅速撤离危险区,对使用一般电雷管起爆的作业段,应测试杂散电流情况,如果超过允许值,应用抗杂散电雷管或非电雷管起爆。

(9)爆破作业现场四周设置警示牌,严禁烟火。严禁使用不合格的火工品。电力起爆器箱钥匙应有专人保管,专人使用,不得交其他人使用。火工品严禁借让、私藏、转卖。

示例三　某高速公路吴家山桥箱梁现浇施工满堂式支架施工安全专项方案

一、编制依据

(1)项目工程施工组织设计;

(2)施工图设计;

(3)《建筑施工扣件式钢管脚手架安全技术规范》;

(4)国家及行业现行规范规程及标准;

(5)施工合同。

二、工程概况

某高速公路第八合同段吴家山高架桥，上部结构箱梁现浇施工。该桥为跨山谷旱桥，地质地形条件适合现浇施工。桥跨结构为连续箱梁，三跨一联，单跨最大跨径 55m。桥下地面覆盖层为黏土，厚度 2～3m。施工季节为旱季，不可能发生山洪。平均气温为 12℃。

三、满堂式支架结构设计方案

1. 材料选择与计算参数

本工程内支撑采用扣件式满堂钢管脚手架，钢管规格 48mm×2.8mm，普通碗式扣件。钢管计算参数为：

①钢管截面面积：$A=397\text{mm}^2$

②回转半径按照壁厚 2.8mm，经计算回转半径 $i=16\text{mm}$

③截面惯性矩：$I=1.02\times10^6\text{mm}^4$

④弹性模量：$E=2.06\times10^5\text{N/mm}^2$

⑤截面模量：$W=4525\text{mm}^3$

⑥钢管抗压强度设计值：$[f]=215\text{MPa}$

高速公路全桥宽 23.00m，从中间分开。采取半幅施工。半幅桥宽 11.5m，一跨半幅桥箱梁混凝土总方量为 453m^3，钢筋混凝土容重度 26kN/m^3。

2. 荷载计算参数

模板自重：$q_1=2.5\text{kN/m}^2$

混凝土与钢筋荷载强度：$q_2=26\times453/11.5\times55=18.6\text{kN/m}^2$

振捣器振动冲击力：$q_3=2.0\text{kN/m}^2$

浇筑混凝土冲击系数：$q_4=2.0\text{kN/m}^2$

人群荷载：$q_5=1.0\text{kN/m}^2$

荷载不均匀系数：$k_1=1.10$

安全系数：$k=1.5$

横杆钢管自重忽略不计。

荷载叠加计算得组合荷载强度为：

$$q_{\max}=(q_1+q_2+q_3+q_4+q_5)\times k_1\times k=41.4\text{kN/m}^2$$

3. 支架构造设置要求

(1)碗扣式钢管支架主要由立杆、纵横水平杆、斜撑、剪刀撑、扫地杆组成。立杆纵横距为 600mm×600mm，纵横水平杆间距为 600mm×600mm。水平杆层间距为 1200mm，剪刀撑间距 4000mm(每五排立杆设一排剪刀撑，纵横同)，支架的外立面设扫地杆，四角设抱角斜撑。

(2)扣件主要有直角扣件、旋转扣件、对接扣件。直角扣件用于两根呈垂直交叉钢管的连接，旋转扣件用于两根呈任意角度交叉钢管的连接，对接扣件用于两根钢管的对接连接。

(3)托架选用与钢管相配套的螺旋式定型托架。

(4)支架基础处理。将桥孔下地面分台阶整平，每个台阶宽度不小于 10m。台阶高度视地形而定，台阶立面砌直立式挡土墙(砂浆强度等级 M10)，台阶平面经碾压密实后浇筑 15cm 厚 C20 素混凝土硬化。

(5)支垫木采用 100mm×60mm 硬质矩形方木，平放，大面接地。

4. 支架施工工艺要求

(1)扣件与钢管的接触面要保证严密，确保扣件与钢管连接紧固。

(2)扣件和钢管的质量要合格，满足施工要求，对发现脆裂、变形、滑丝、锈斑严重的钢管、扣件、托架一律禁止使用。

(3)作业中，禁止随意拆除脚手架的构架杆件、整体性构建、连接紧固件。却因操作要求需要临时拆除时，必须经主管人员同意，采取相应弥补措施，并在作业完毕后及时予以恢复。

(4)人在架设作业时，应注意自我安全保护和他人的安全，避免发生碰撞、闪失和落物，严禁在架杆上等不安全处休息。

(5)每班工人上架工作时，应现行检查有无影响安全作业的问题，在排除和能解决后方可开始作业。在作业中发现有不安全的情况和迹象时，应立即停止作业进行检查，直到安全后方可正常作业。

四、支架校核计算

1. 横向水平杆计算

横向水平杆钢管按照均布荷载作用下的连续梁计算。横向水平杆横向间距为 600mm，按三孔连续梁计算，作用在每根横向水平杆上的均布荷载强度 $q=q_{max}\times 0.8=41.4\times 0.6=24.8\text{kN/m}$。

(1)横向水平钢管计算简图如图 6-2 所示。

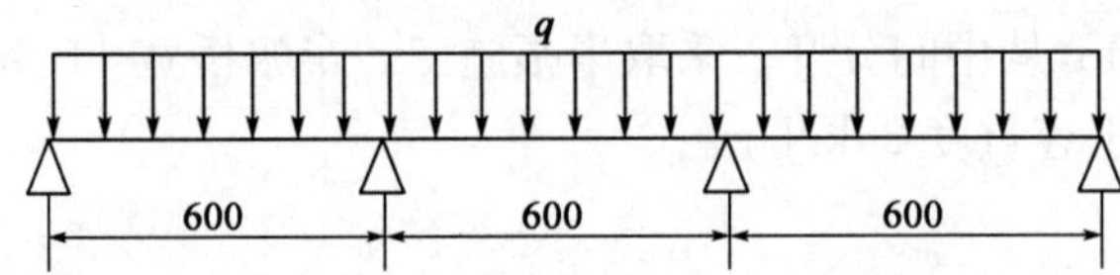

图 6-2 纵横支撑钢管计算简图(尺寸单位：mm)

(2)横向水平杆抗弯强度计算

$$\sigma = ql^2/0.1W = 24.8\times 600^2/0.1\times 4525 = 197.3\text{MPa} < 215\text{MPa}$$

横向水平杆抗弯强度满足要求。

(3)横向水平杆挠度计算

$$F = ql^4/150EI = 24.8\times 600^4/150\times 2.06\times 10^5\times 1.02\times 10^6$$
$$=0.1\text{mm} < 600/400 = 1.5\text{mm}$$

钢管挠度在允许范围之内。

2. 纵向水平杆计算

纵向水平杆承受横向水平杆传来的集中荷载，按三孔连续梁计算。作用在每根纵向水平杆上的集中荷载 $F=q_{max}\times 0.6=41.4\times 0.6=24.8\text{kN}$。

按最不利荷载考虑，假设横向水平杆传来的集中荷载不作用在节点上，而是作用在两节点的跨中。

(1)纵向水平钢管计算简图

纵向水平杆的计算简图如图 6-3 所示。

(2)纵向水平杆抗弯强度计算

$$\sigma = 0.26ql/10W = 0.26\times 24.8\times 600^2/0.01\times 4525 = 51.3\text{MPa} < 215\text{MPa}$$

纵向水平杆抗弯强度满足要求。

(3)纵向水平杆挠度计算

$$F = 1.883gl^2/EI = 1.883\times 24800\times 600^2/2.06\times 10^5\times 1.02\times 10^6$$
$$=0.022\text{mm} < 600/400 = 1.5\text{mm}$$

钢管挠度在允许范围之内。

3. 立杆稳定性验算

一根立杆承受竖向荷载的能力大于 24.8kN，故立杆的强度验算省去，只验算立杆的稳定性，立杆承受纵向水平杆传递的荷载，F=24.8kN 即为立杆轴向压力。横杆的层间距为 1200mm，以两层横杆的立杆长度作为计算立杆稳定性的单元。

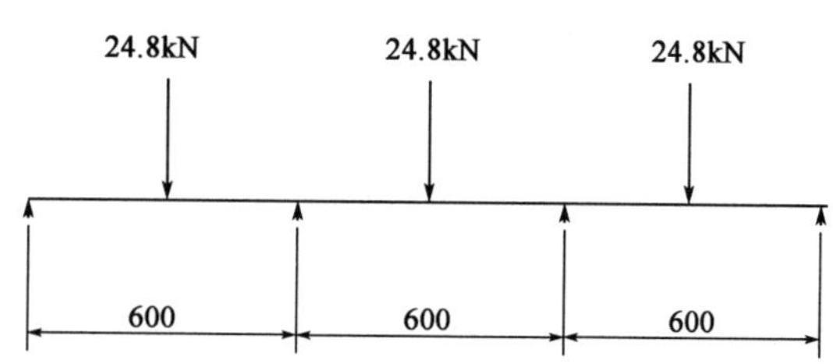

图 6-3　纵向水平杆计算简图(尺寸单位：mm)

(1)计算立杆柔度值 λ

$$\lambda = \mu L/10i = 2 \times 1200/10 \times 1.6 = 150$$

上式中 μ 称为杆的长度系数，根据规定：两端铰支杆 $\mu=1$，一端自由一端固接杆 $\mu=2$，两端均固接杆 $\mu=1/2$。上例计算中，作偏保守计算，可以认为最上一层立杆顶端为自由端，到下一层连接处可以视为固接，故 $\mu=2$。

(2)立杆稳定性计算

根据 $\lambda=150$ 查有关表格，得压杆稳定折减系数 $\varphi=0.32$。

则有：$[N]=F/\varphi A=24.8\times1000/0.32\times397=198\text{MPa}<215\text{MPa}$

式中 A 为钢管横截面面积。实际上立杆不可能是一端固接、一端自由，如果取立杆为两端铰接，$\mu=1$，$\lambda=75$，查出的 $\varphi=0.78$，则计算出的 $[N]$ 值会小得多。

以上计算结果表明，立杆处于稳定状态。

计算结论：满堂式支架结构设计方案可行。

五、满堂式支架专项安全方案执行要求

(1)经专家评审讨论通过的支架方案，是强制性施工文件，不允许在施工中有任何改动。

(2)地基处理一定要整平，碾压密实，硬化混凝土要求满足规定强度。

(3)支架在架设前应进行认真技术交底，并有技术人员监督施工。

(4)支架搭设完成后应组织检查验收，进行箱梁施工前应对支架用 1 倍计算荷载进行预压，以消除支架的非弹性变形，并在预压后对支架进行调整。

(5)在支架的敏感部位布置观测点，混凝土浇筑时对支架进行不间断沉降观测和水平位移观测。

(6)支架的上下人行通道不能连接固定在支架上，通道必须独立架设。

(7)穿过支架的电力线路不能直接捆扎在支架钢管上，电线需要固定在支架钢管上时，必须做二次绝缘处理。

(8)制订相应的应急预案，当观测数据出现异常现象时，马上停止施工，撤离人员、设备，研究处理方案以确定后续施工行动。

(9)支架拆除应在箱梁混凝土强度达到 90%以后进行，支架的卸载程序应由跨中向跨端部推进，并对箱梁进行沉降观测。

(10)施工项目部制订的满堂式支架专项方案应报项目部上级公司审批，上级公司可以组织专家进

行评审论证，提出评审意见。项目部收到专家组评审意见后，进行修订完善。完善后的支架专项方案送监理与业主批准，报监理和业主批准时，应附专家组的评审意见，并说明修订时对专家组意见的落实情况。

(11)专项方案制订小组、专家组人员名单和亲笔签名表同时附入专项方案中，专项方案各项签字手续齐全。

第七章　安全事件应急预案

第一节　应急预案的编制程序

一、制订应急预案的重要意义

(1)公路工程施工项目部的“安全生产事故应急预案”是项目工程安全施工组织设计的一个重要组成部分。制订安全生产事故应急预案是贯彻落实“安全第一、预防为主、综合治理”方针，规范公路工程生产经营单位应急管理工作，提高交通行业快速反应能力，及时、有效地应对重大安全生产事故，保证职工安全健康和公众生命安全，最大限度地减少财产损失、环境损害和社会影响的重要措施。

(2)公路工程施工项目部结合本项目工程的实际情况，制订的应急预案按照“既自成体系又互相衔接，既统一领导也分级负责，既条块结合又兼顾属地为主”的原则进行编制，就能够形成与当地人民政府和相关部门应急预案的紧密衔接，起到互相呼应的效果。

(3)应急预案是处理突发事故的基础。应做到事故类型和危害程度清楚，应急管理责任明确，应对措施正确有效，应急响应及时迅速，应急资源准备充分，立足自救。

(4)应急预案制建立的目的是为了能够及时组织有效的应急救援行动，降低危害后果。因此，施工单位必须依法对此项工作引起高度的重视，编制的应急预案应满足相关要求。

二、应急预案系统

应急预案体系包括行动方案、应急准备、应急响应、应急救援、应急响应总结5个部分。

1.应急预案

应急预案是指针对可能发生的事故，为迅速、有序地开展应急行动而预先制订的行动方案。按照一定格式和一定程序编制而成。编制完成后还要进一步进行预案演练，以检验预案的可行性并进一步完善。

2.应急准备

应急准备是指针对可能发生的事故，为迅速、有序地开展应急行动而预先进行的组织准备和应急保障。包括思想精神准备、物质准备和预案演练。

3.应急响应

应急响应是指事故发生后，有关组织或人员采取的应急行动。启动应急预案命令由预案规定的指挥人员发出，各部门所有人员按照预案规定方案立即行动，形成有条不紊的应急响应。

4.应急救援

应急救援是指在应急响应过程中，为消除、减少事故危害，防止事故扩大或恶化，防止次生灾害进一步发生，最大限度地降低事故造成的损失或危害而采取的救援措施或行动。

5.应急响应总结

应急响应总结是应急救援结束后，关闭应急响应之前的一项重要工作。包括事故处理、经验教训总结、善后工作处理、进一步对应急预案完善等。

三、应急预案的编制程序

1.编制准备

编制应急预案应做好以下准备工作：

(1)全面分析本单位危险因素、可能发生的事故类型及事故的危害程度。

(2)排查事故隐患的种类、数量和分布情况，并在隐患治理的基础上，预测可能发生的事故类型及其危害程度。

(3)确定事故危险源，进行风险评估。

(4)针对事故危险源和存在的问题，确定相应的防范措施。

(5)客观评价本单位应急能力。

(6)充分借鉴国内外同行业事故教训及应急工作经验。

2.编制步骤

(1)确定应急预案编制工作组和人员

结合本单位部门职能分工，成立以单位主要负责人为领导的应急预案编制工作组，明确编制任务、职责分工，制订工作计划。

(2)确定编制依据

一般应急预案的编制依据有：法律法规和有关规定；项目施工组织设计；设计规范和施工技术规范，施工图设计，合同文件等；另外还有与之相关的其他已有的应急预案。

(3)资料收集

收集应急预案编制所需的各种资料(相关法律法规、应急预案、技术标准、国内外同行业事故案例分析、本单位技术资料等)。

(4)危险源与风险分析

在危险因素分析及事故隐患排查、治理的基础上，确定本单位的危险源、可能发生事故的类型和后果，进行事故风险分析，并指出事故可能产生的次生、衍生事故，形成分析报告，分析结果作为应急预案的编制依据。

(5)应急能力评估

对本单位应急装备、应急队伍等应急能力进行评估，并结合本单位实际，加强应急能力建设。

(6)应急预案编制

针对可能发生的事故，按照有关规定和要求编制应急预案。应急预案编制过程中，应注重全体人员的参与和培训，使所有与事故有关的人员均掌握危险源的危险性、应急处置方案和技能。应急预案应充分利用社会应急资源，与地方政府预案、上级主管单位以及相关部门的预案相衔接。

(7)应急预案评审与发布

应急预案编制完成后，应进行评审。内部评审由本单位主要负责人组织有关部门和人员进行；外部评审由上级主管部门或地方政府负责安全管理的部门组织审查。评审后，按规定报有关部门备案，并经生产经营单位主要负责人签署发布。

四、应急预案类别

1.应急预案分类

应急预案应形成体系。现行一般的分类方法都把应急预案分为三类：一是针对项目工程可能存在的所有危险源和可能发生的事故，制订综合性应急预案；二是针对某个单一的风险源和单一可能发生的事故制订专项应急预案；三是现场应急处置方案。

2.各类应急预案的特点

(1)综合应急预案。综合性应急预案是针对施工项目普遍存在的多种危险源和可能发生的不同事故，所制订的一个统一的应急预案，它适用于项目发生一般事故的普遍抢险救援。综合应急预案是从总体上阐述处理事故的应急方针、政策，应急组织结构及相关应急职责，应急行动、措施和保障等基本要求和程序，是应对各类普通事故的综合性文件。

(2)专项应急预案。专项应急预案是针对具有独立特殊性的危险源和特殊事故所制订的专门应急预案。专项应急预案可以是综合应急预案的各个组成部分，应按照综合应急预案的程序和要求组织制订，或作为综合应急预案的附件。专项应急预案应制订明确具有专门特点的救援程序和特别应急救援措施。

(3)现场处置方案。现场处置方案是针对某个具体的装置、设施，或某个特定的场所、岗位所制订的应急处置措施。现场处置方案应具体、简单、针对性强。现场处置方案应根据风险评估及危险性控制措施逐一编制，做到事故相关人员应知应会，熟练掌握，并通过应急演练，做到反应迅速、正确处置。

第二节　综合性应急预案的内容组成

综合性应急预案是针对施工项目普遍存在的多种危险而编制的应急预案，它不针对某一特定的安全事故，它适用于施工项目发生普通安全事故后的抢险救援。一份完整的综合性应急预案一般应包括以下内容。

一、总则

1.编制目的

简述应急预案编制的目的、作用等。

2.编制依据

简述应急预案编制所依据的法律法规、规章，以及有关行业管理规定、技术规范和标准等。

3.适用范围

说明应急预案适用的区域范围，以及事故的类型、级别。

4.应急预案体系

说明本单位应急预案体系的构成情况。

5.应急工作原则

说明应急工作的原则，内容应简明扼要、明确具体。

二、生产经营单位的危险性分析

1.生产经营单位概况

主要包括单位地址、从业人数、隶属关系、主要原材料、主要产品、产量等内容，以及周边重大危险源、重要设施、目标、场所和周边布局情况。必要时，可附平面图进行说明。

2.危险源与风险分析

主要阐述本单位存在的危险源及风险分析结果。

三、组织机构及职责

1. 应急组织体系

明确应急组织形式、构成单位或人员，并尽可能以结构图的形式表示出来。

2. 指挥机构及职责

明确应急救援指挥机构总指挥、副总指挥、各成员单位及其相应职责。应急救援指挥机构根据事故类型和应急工作需要，可以设置相应的应急救援工作小组，并明确各小组的工作任务及职责。

3. 预防与预警

在危险源监控方面明确本单位对危险源监测监控的方式、方法，以及采取的预防措施。在预警行动方面明确事故预警的条件、方式、方法和信息的发布程序。

4. 信息报告与处置

按照有关规定，明确事故及未遂伤亡事故信息报告与处置办法。

(1)信息报告与通知，必须明确 24 小时应急值守电话、事故信息接收和通报程序。

(2)信息上报，应明确事故发生后向上级主管部门和地方人民政府报告事故信息的流程、内容和时限。

(3)信息传递，应明确事故发生后向有关部门或单位通报事故信息的方法和程序。

四、应急响应

1. 响应分级

针对事故危害程度、影响范围和单位控制事态的能力，将事故分为不同的等级，按照分级负责的原则，明确应急响应级别。

2. 响应程序

根据事故的大小和发展态势，明确应急指挥、应急行动、资源调配、应急避险、扩大应急等级响应等程序。

3. 应急响应结束

(1)应急响应终止的条件。事故现场得以控制，环境符合有关标准，导致次生、衍生事故隐患消除后，经事故现场应急指挥机构批准，现场应急结束。

(2)应急响应结束工作。应完成：事故情况上报事项，事故调查处理小组移交相关事项，事故应急救援工作总结报告。

4. 信息发布

明确事故信息发布的部门，发布原则。事故信息应由事故现场指挥部及时准确向新闻媒体通报。

5. 后期处置

主要包括污染物处理、事故后果影响消除、生产秩序恢复、善后赔偿、抢险过程和应急救援能力评估及应急预案的修订等内容。

五、保障措施

1. 通信与信息保障

明确与应急工作相关联的单位或人员通信联系方式和方法，并提供备用方案。建立信息通信系统及维护方案，确保应急期间信息通畅。

2. 应急队伍保障

明确各类应急响应的人力资源，包括专业应急队伍、兼职应急队伍的组织与保障方案。

3. 应急物资装备保障

明确应急救援需要使用的应急物资和装备的类型、数量、性能、存放位置、管理责任人及其联系方式等内容。

4. 经费保障

明确应急专项经费来源、使用范围、数量和监督管理措施，保障应急状态时生产经营单位应急经费的及时到位。

5. 其他保障

根据本单位应急工作需求而确定的其他相关保障措施，如交通运输保障、治安保障、技术保障、医疗保障、后勤保障等。

六、培训与演练

1. 培训

明确对本单位人员开展的应急培训计划、方式和要求。如果预案涉及社区和居民，要做好宣传教育和告知等工作。

2. 演练

明确应急演练的规模、方式、频次、范围、内容、组织、评估、总结等内容。

七、奖惩

明确事故应急救援工作中奖励和处罚的条件和内容。

八、附则

1. 术语和定义

对应急预案涉及的一些术语进行定义。

2. 应急预案备案

明确本应急预案的报备部门。

3. 维护和更新

明确应急预案维护和更新的基本要求，定期进行评审，实现可持续改进。

4. 制订与解释

明确应急预案负责制订与解释的部门。

第三节 专项应急预案的内容组成

专项应急预案是针对施工项目存在的某一特种危险而编制的应急预案，它只适用于预案所指安全事故后的抢险救援。一份完整的专项应急预案一般应包括以下内容。

一、总则

1. 危险源的类别和事故名称

2. 编制目的

简述应急预案编制的目的、作用等。

3. 编制依据

简述应急预案编制所依据的法律法规、规章，以及有关行业管理规定、技术规范和标准等。

4. 应急工作原则

说明应急工作的原则，内容应简明扼要、明确具体。

二、事故类型和危害程度分析

(1)在危险源评估的基础上，对其可能发生的事故类型和可能发生的季节及其严重程度进行确定，明确处置该类事故应当遵循的基本原则。

(2)明确该类危险源存在的特殊条件、显著特点，或发生的特殊季节、事故的表现形式等。

三、应急体系

1. 应急预案体系

说明本单位应急预案体系的构成情况，应急组织体系。明确应急组织形式，构成单位或人员，并尽可能以结构图的形式表示。

2. 指挥机构及职责

根据事故类型，明确应急救援指挥机构总指挥、副总指挥以及各成员单位或人员的具体职责。应急救援指挥机构可以设置相应的应急救援工作小组，明确各小组的工作任务及主要负责人职责。

四、预防与预警

1. 危险源监控

明确本单位对危险源监测监控的方式、方法，以及采取的预防措施。

2. 预警行动

明确具体事故预警的条件、方式、方法和信息的发布程序。

3. 信息报告程序

(1)确定报警系统及程序。

(2)确定现场报警方式，如电话、警报器等。

(3)确定 24 小时与相关部门的通信、联络方式。

(4)明确相互认可的通告、报警形式和内容。

(5)明确应急反应人员向外求援的方式。

五、应急处置

1. 响应分级

针对事故危害程度、影响范围和单位控制事态的能力，将事故分为不同的等级。按照分级负责的原则，明确应急响应级别。

2. 响应程序

根据事故的大小和发展态势，明确应急指挥、应急行动、资源调配、应急避险、扩大应急等级响应程序等。

3. 处置措施

针对本单位事故类别和可能发生的事故特点、危险性，制订应急处置措施。

六、保障措施

1. 通信与信息保障

明确与应急工作相关联的单位或人员通信联系方式和方法，并提供备用方案。建立信息通信系统及维护方案，确保应急期间信息通畅。

2. 应急队伍保障

明确各类应急响应的人力资源，包括专业应急队伍、兼职应急队伍的组织与保障方案。

3. 应急物资装备保障

明确应急救援需要使用的应急物资和装备的类型、数量、性能、存放位置、管理责任人及其联系方式等内容。

4. 经费保障

明确应急专项经费来源、使用范围、数量和监督管理措施，保障应急状态时生产经营单位应急经费及时到位。

5. 其他保障

根据本单位应急工作需求而确定的其他相关保障措施，如交通运输保障、治安保障、技术保障、医疗保障、后勤保障等。

七、培训与演练

1. 培训

明确对本单位人员开展的应急培训计划、方式和要求。如果预案涉及社区和居民，要做好宣传教育和告知等工作。

2. 演练

明确应急演练的规模、方式、频次、范围、内容、组织、评估、总结等内容。

八、附则

(1)明确事故应急救援工作中奖励和处罚的条件和内容。

(2)应急预案启动的特殊规定等。

第四节　现场处置方案的主要内容

一、总则

(1)事故名称，事故类型，事故特征，特别危险源分析，事故前可能出现的征兆等。

(2)事故发生的区域、地点、装置或季节，可能造成的危害程度。

二、应急组织与职责

(1)基层单位应急自救组织形式及人员构成情况。

(2)应急自救组织机构、人员的具体职责，应同单位或车间、班组人员工作职责紧密结合，明确相关岗位和人员的应急工作职责。

三、应急处置

1.事故应急处置程序

根据可能发生的事故类别及现场情况，明确事故报警、各项应急措施启动、应急救护人员的引导、事故扩大及与上级公司应急预案的衔接的程序。

2.现场应急处置措施

针对可能发生的火灾、爆炸、坍塌、水患、机动车辆伤害等，从操作工艺流程、现场处置、事故控制、人员救护、消防、现场恢复等方面制订明确的应急处置措施。

3.报警

应明确事故发生后的报警电话及上级管理部门，相关应急救援单位联络方式和联系人员，事故报告的基本要求和内容。

四、注意事项

(1)佩戴个人防护器具方面的注意事项。
(2)使用抢险救援器材方面的注意事项。
(3)采取救援对策或措施方面的注意事项。
(4)现场自救和互救注意事项。

五、附则

(1)善后特别处理事项。
(2)其他需要特别警示的事项。

第五节　项目建设主体单位应急预案工作职责

项目建设的主体单位一般有业主单位、设计单位、施工单位、监理单位4个。4个单位在应急预案中应明确各自的应急管理职责。如果还有其他单位参与项目建设，也应算为主体单位，同样应明确在应急预案中的职责。

一、项目业主单位应急职责

(1)根据法律、法规和当地有关部门应急预案，编制本项目应急预案。
(2)对预案定期组织演练，并检查项目其他主体单位的应急预案。
(3)组织开展事故应急知识培训和宣传。
(4)编制本单位年度应急工作资金预算，并保证资金落实。
(5)联络气象、水利、地质等相关部门，为项目施工单位提供预测信息。
(6)对项目施工单位的应急工作进行日常监督检查。
(7)及时向当地交通主管部门、地方安全监管部门报告事故情况。

二、项目设计单位应急职责

(1)执行有关法律法规和安全规定，保证设计的安全合理性。
(2)为业主单位、施工单位、监理单位的应急预案提供技术支持。
(3)对施工单位的安全专项方案提供技术支持。
(4)参与事故应急抢险救援，为事故处理提供理论依据。

三、项目施工单位应急职责

(1)根据法律、法规和当地有关部门的应急预案,制订项目施工应急预案。
(2)分析施工环境危害因素,考虑自然灾害影响,保证应急预案的有效性。
(3)建立项目部应急救援组织,配备应急救援器材、设备,并定期组织演练。
(4)编制本项目年度应急工作资金预算,保证资金专款专用。
(5)对项目部人员进行安全生产培训教育。
(6)对施工重大安全问题组织专家进行研究,或向当地有关部门申请帮助。
(7)及时向建设单位、监理单位、当地交通主管部门、地方安全监管部门报告事故情况。

四、项目监理单位应急职责

(1)核查施工单位应急预案,监督安全专项方案或安全技术措施的实施。
(2)执行施工旁站和巡查,注意发现安全隐患并责令施工单位及时改正。
(3)严格安全防护措施和应急措施的月度计量支付管理。
(4)及时向建设单位、当地有关部门、安全监管部门报告工程安全状况。
(5)对现场监理人员进行安全教育,配备必要的安全防护用品。
(6)接受、配合对安全事故的调查处理。

第六节 应急预案培训与演习

一、培训与学习目的

以提高对事故的认识水平和快速反应能力,加强应急抢险基础工作,检验应急预案的适应效果,改进完善应急方案的缺陷为目的;以突出重点、边练边战、逐步提高为原则,二者相结合便是应急救援培训与演习的指导思想。

培训的目的应侧重以下几个方面:锻炼和提高应急队伍在突发事故情况下快速封闭事故现场;及时营救伤员;正确指导和帮助人员防护或撤离;有效消除危害后果、降低事故危害、减少事故损失。

二、应急培训与演练内容

1. 报警

(1)使应急人员了解并掌握如何利用身边的工具最快最有效地报警,比如使用移动电话(手机)、固定电话、无线电、网络或其他方式报警。

(2)使应急人员熟悉发布紧急情况通告的方法,如使用警笛、警钟、电话或广播等。

(3)当事故发生后,为及时疏散事故现场的所有人员,应急队员应掌握如何在现场贴发警示标志。

2. 疏散

为避免事故中不必要的人员伤亡,应配备足够的应急队员在事故现场安全、有序地疏散被困人员或周围人员。对人员疏散的培训主要在应急演习中进行,通过演习还可以测试应急人员的疏散能力。

3. 火灾应急培训

由于火灾的易发性和多发性,对火灾应急的培训与演练显得尤为重要。要求应急队员必须掌握必要的灭火技术,以便在着火的初期迅速灭火,降低或减小导致灾难性事故的危险,掌握灭火装置的识别、使用、保养、维修等基本技术。

三、施工项目现场应急人员的培训

以危险品事故为例，针对危险品事故应急培训，应明确对不同层次应急抢险人员的培训要求。专业上通常将应急人员分为5种水平，分别是：初级意识水平应急人员，初级操作水平应急人员，危险品专业水平应急人员，危险品专家水平应急人员，应急指挥人员。每一种水平的人员都有相应的培训要求。

施工项目部重点是对"初级意识水平应急人员"、"初级操作水平应急人员"、"应急指挥人员"的培训。其中指挥人员主要是指项目经理、安全副经理、其他副经理等。下面主要介绍施工项目部三种人员的应急培训。

1.初级意识水平应急人员

该水平应急人员通常是处于能首先发现事故险情并及时报警的岗位工作人员，例如保安、门卫、巡查人员、现场安全员等。对其培训要求包括以下几个方面：

(1)确认危险物质并能识别危险物质泄漏迹象。

(2)了解所涉及危险物质泄漏的潜在后果。

(3)了解应急人员自身的作用和责任。

(4)能确认必要的应急资源。

(5)如果需要疏散，则应限制未经授权人员进入事故现场。

(6)熟悉事故现场安全区域的划分。

(7)了解基本的事故控制技术。

2.初级操作水平应急人员

该水平应急人员主要参与预防危险品泄漏的操作，以及发生泄漏后的事故应急，其作用是有效阻止危险品的泄漏，降低泄漏事故可能造成的影响。对他们的培训要求包括以下几个方面：

(1)掌握危险品的辨识和危险程度分级方法。

(2)掌握基本的危险和风险评价技术。

(3)学会正确选择和使用个人防护设备。

(4)了解危险品的基本术语以及特性。

(5)掌握危险品泄漏的基本控制操作。

(6)掌握基本的危险品清除程序。

(7)熟悉应急预案的内容。

3.应急指挥人员

应急指挥人员主要负责的是对事故现场的控制并执行现场应急行动指挥，协调应急队员之间的活动和通信联系。该水平的应急人员应具有相当丰富的事故应急和现场管理的经验。由于他们责任的重大，要求他们参加的培训应更为全面和严格，以提高应急指挥者的素质，保证事故应急的顺利完成。通常，该类应急人员应该具备下列能力：

(1)协调与指导所有的应急活动。

(2)负责执行一个综合性的应急救援预案。

(3)对现场内外应急资源进行合理调用。

(4)提供管理和技术监督，协调后勤支持。

(5)协调信息发布和政府官员参与的应急工作。

(6)负责向国家、省市、当地政府主管部门递交事故报告。

(7)负责提供事故和应急工作总结。

四、预案训练和演习类型

(1)可根据演习规模进行桌面演习、功能演习和全面演习。

(2)可根据演习内容进行基础训练、专业训练、战术训练和自选科目训练。

(3)救援队伍的训练。救援队伍的训练可以采取自训与互训相结合、岗位训练与脱产训练相结合、分散训练与集中训练相结合的方法。

第七节 工程安全隐患和安全事故处理

一、安全隐患处理

1.事故隐患排查登记、公示公告、防范或整改、验收销号

施工单位项目负责人对本合同段施工阶段隐患排查治理负全责。对设计中存在的施工安全考虑不足、缺乏防范生产安全事故技术措施的,施工单位应及时向监理人员报告,由建设单位组织设计、监理、施工单位复议,由设计单位提出补充设计。

施工单位安全生产主要负责人对本单位施工项目中的重大及特别重大事故隐患排查治理负领导责任,应审核监控计划,明确时限,落实各环节责任人和监督人,掌握隐患动态。

(1)排查登记。施工单位项目负责人应根据所在省统一的排查,要求对各施工工序、设备、危险物品、现场环境与驻地等开展一次全面排查,将排查出的事故隐患分级建档,登记编号,对重大及特别重大的事故隐患,由建设单位报当地交通主管部门,其中特别重大的事故隐患还应报省级交通主管部门。当事故隐患等级可能随时间、外界条件变化时,应注重动态监控并在档案中及时调整其等级,对升级为重大及特别重大的事故隐患予以补报,对降级的事故隐患亦应相应报告。

(2)公示公告。施工项目部应当如实向施工作业班组、作业人员详细告知作业场所和工作岗位存在的危险因素、危险特征及防范措施,由双方签字确认。在作业场所明显部位设置重大及特别重大的事故隐患公示牌,制订应急预案并告知作业人员与现场相关人员,必要时组织演练。

在上述场所应设置明显安全警示标志,在无法封闭施工的工地,还应当悬挂当日施工现场危险告示,以告知路人和社会车辆。

建议安全隐患公示牌不宜小于 40cm×60cm,版面宜采用黄色底版黑色字体,做到一个隐患一块牌,并根据变化调整,由专职安全员负责动态管理。公示牌如图 7-1 所示。

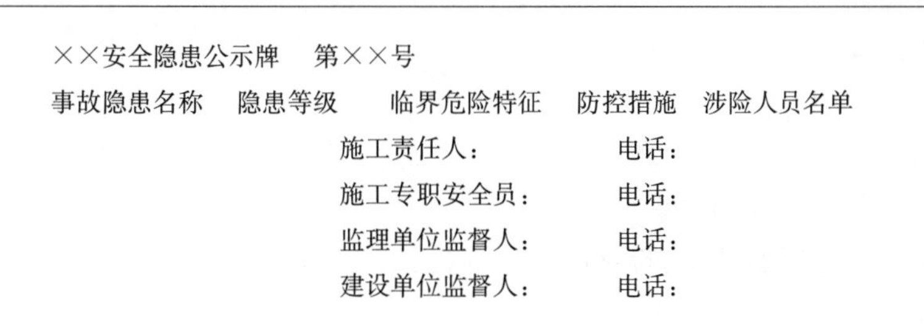
××安全隐患公示牌　第××号

事故隐患名称　隐患等级　临界危险特征　防控措施　涉险人员名单

施工责任人：　电话：

施工专职安全员：　电话：

监理单位监督人：　电话：

建设单位监督人：　电话：

图 7-1　安全隐患公示牌

(3)防范或整改。施工单位对处在危险区域有潜在危险的驻地应坚决搬迁,对有危险的作业点进行有效防范,对施工机具登记管理,在使用维修前应加强检查,对所有隐患的防范措施应一一审核是否有可操作性,是否有效。监理单位应加强对防范整改的监督检查,并对施工单位的整改情况加以书面确认。建设单位应制订奖惩措施,对无防范措施或措施无效及整改不力的施工项目部严格惩处,对仍存在重大及特别重大事故隐患的场所、部位,应立即责令停工整顿。

(4)验收销号。建设单位应制订本项目隐患排查治理的验收销号标准。对具备了完善有效的防范措施的安全隐患可验收,并销号。在建设单位组织验收销号前,施工单位应先组织自验,项目验收销号结果应按项目管理的隶属关系报交通主管部门。对难以按时消除事故隐患的,应制订监控措施,落实责任人和整改时限。

2. 监督检查

省交通主管部门对存在重大及特大的事故隐患项目，应纳入重点督察计划，落实现场督导人员和措施；对未通过验收或销号的项目，应督促建设单位查清原因，落实监控和治理措施。

二、施工项目安全隐患分类与处理

公路工程施工习惯常用的安全隐患分类方法不同于以上专业分类法，在一般情况下，施工项目的安全隐患常称为“一般安全隐患”和“严重安全隐患”两种。

1. 一般安全隐患

(1)一般安全隐患是指不符合安全管理规定、不符合安全技术措施规范要求的现象或状态，这种现象或状态的程度尚不严重。施工项目部对一般安全隐患不能轻视而麻痹大意，对一般安全隐患的处理，更不能听之任之。

(2)对一般安全隐患可采用口头指出或签发安全工作指令的方法，要求施工班组或工区加强安全教育管理或采取限时整改措施，预防问题扩大或加深。

2. 严重安全隐患

严重安全隐患是指存在的安全隐患程度比较严重，或是其数量或规模较大，或是违反强制性条文标准，对施工现场的安全构成了明显的潜在的威胁。

3. 严重安全隐患的处理

(1)部分停工或全面停工，采取临时应急防范措施。

(2)项目安全负责人组织召开专题会议，分析隐患产生原因、发展趋势，研究整改方案，制定措施。

(3)专人负责落实整改方案，消除安全隐患。

(4)检查验收。可邀请业主单位、监理单位派人现场监督检查验收，签署严重安全隐患验收总结报告。

(5)恢复施工。

4. 严重安全隐患整改验收总结报告内容

(1)整改处理过程描述。

(2)调查和核查情况。

(3)安全事故隐患原因分析。

(4)处理的依据。

(5)审核认可的安全隐患处理方案。

(6)实施处理中的有关原始数据、验收记录与资料。

(7)对处理结果的检查与验收结论。

第八节　项目部应急救援组织机构

一、施工项目部应急救援领导小组

施工项目部应成立常设的应急救援领导小组，领导小组由项目部主要人员组成，领导小组下设置相应的工作职能组。

1. 应急救援领导小组组成

组长：项目经理；常务副组长：项目部安全副经理；副组长：项目总工，副经理。成员：项目部各部门负责人，各工区负责人，专职安全工程师等。

2.项目部事故应急救援小组人员

项目部事故应急救援小组人员见表7-1。

项目部事故应急救援小组人员 表7-1

序号	项目部职务	救援小组职务	姓 名	联系电话
1	项目经理	组长		
2	安全副经理	副组长		
3	项目总工	副组长		
4	副经理	副组长		
	成员(以下根据实际情况填写)			

二、应急救援领导小组成员和各部门职责

1.组长(项目经理)职责

全面负责项目部应急救援工作,是应急救援总指挥,迅速启动应急预案响应,发布救援命令,并亲赴事故现场进行救援指挥。

2.常务副组长(分管安全副经理)职责

协助组长工作,负责现场组织、指挥应急救援工作,组织应急救援技术方案的具体实施。在组长不在时代行救援小组组长职权。

3.副组长(项目总工)职责

协助组长工作,在应急救援工作中提供总体技术支持,负责组织制订应急救援技术方案,并指导、监督方案的运行实施。

4.副组长(项目部副经理)职责

协助组长工作,调度项目部所有人力、物力、财力资源,为救援使用,组织应急救援技术方案的具体实施。

5.综合组职责

综合组基本上由项目部综合部、财务部人员组成。综合组接受救援小组组长、副组长的命令,综合协调事故应急救援的各方面工作,保证通讯畅通,保证救援工作的顺利进行。

6.抢救行动组职责

抢救行动组由项目部工程部、工地试验室人员组成。抢救行动组接受救援小组组长、副组长的命令,负责全面执行和落实应急救援技术方案,有条不紊地进行应急救援。

7.后勤组职责

后勤组由项目部材料物资设备部、食堂人员、计量合同部等到部门人员组成,后勤组接受救援小组组长、副组长的命令,负责救援所需的物资、设备、材料供应,负责抢救工作的生活供应。

8.医务组职责

医务组由项目部医疗人员和懂得医疗救护的人员组成,医务组接受救援小组组长、副组长的命令,负责现场受伤人员的救护与处治,负责联系医疗单位进行后续治疗。

9.交通组职责

交通组由项目部所有驾驶员组成,交通组接受救援小组组长、副组长的命令,负责救援的一切交通运输工作,组织项目部的所有车辆集中待命,随调随到。

第九节　应急预案示例

示例一　桥梁施工安全事故综合应急预案

一、总则

(1)桥梁施工危险源分析。桥梁施工环境和项目非常复杂,有水下作业,有深基坑作业,有高空作业,有挂篮悬空作业,有多种机械交叉作业,有起重吊装作业,有高大模板、高支架混凝土作业,有施工临时用电等。每种作业项目都存在多种危险因素,都存在危险源。

(2)桥梁施工安全事故类型。根据上面对于桥梁施工危险源的分析,不难看出,桥梁施工可能发生的安全事故种类有:高处坠落,物体打击,机械伤害,意外落水或溺水,基坑垮塌伤害,高大支架垮塌伤害,模板垮塌伤害,触电等多类安全事故。

(3)因为桥梁施工的危险种类繁多,可能发生的安全事故也是种类繁多,为了防止桥梁施工发生安全事故,必须从源头抓起,消除各种施工隐患,加强安全教育和安全管理,提高人的安全意识,才是保证施工安全的最有效措施。

(4)因为桥梁施工可能发生的安全事故种类繁多,本预案是一个针对桥梁施工安全事故的综合性应急预案。

二、应急处置基本原则

1.健全制度,落实措施

加强对职工的岗前培训,建立健全安全操作规程,落实安全技术交底,执行安全施工"三检"制度,最大限度地防止和减少桥梁施工安全事故发生。履行企业的主体责任,把保障员工、人民群众的生命财产安全作为首要任务。

2.统一领导,分级负责

在上级应急组织的统一领导下,健全分类管理、分级负责、条块结合、属地为主的应急管理体制,落实行政领导责任制,切实履行公司机关和项目部的管理、监督、协调、服务职能,充分发挥专业应急机构的作用。

3.快速反应,协同应对

加强以属地管理为主的应急处置队伍建设,建立联动协调制度,充分发挥项目部应急队伍的作用,形成统一指挥、反应灵敏、功能齐全、协调有序、运转高效的应急管理机制。

4.以人为本,减少损失

建立健全各种安全管理制度,落实各种安全措施,防止发生安全事故,体现以人为本的原则。一旦事故发生,第一反应是救人,把救人放在事故处理的第一位,最大限度地减少人员伤亡,更是直接体现以人为本的原则。

三、应急处治组织机构及各部门安全职责

(一)应急处治组织机构

1.领导小组组成

项目部成立桥梁施工应急处治领导小组,应急处治领导小组由项目部领导层和各部门负责人组成。

项目部应急处治领导小组组成如下：

组　长：项目经理

副组长：项目总工，副经理

组　员：安全环保部长，工程技术部长，质量检测部长，计划合同部长，物资设备部长，综合办主任，实验室主任，桥梁工程师，桥梁工区负责人

2.领导小组下设机构

应急处治领导小组下设多个职能工作小组，职能小组的设置与项目部的机构设置相对应。

设置的职能小组人员构成如下：

现场救护组：由工程技术部、安全环保部、工地实验室人员组成

伤亡救护组：由项目部医务人员、财务部人员组成

交通联络组：由项目小车队人员组成

后勤保障组：由物资设备部、计划合同部人员组成

综合处治组：由项目部综合办公室人员组成

（二）应急领导小组工作职责

1.应急领导小组组长职责

启动应急预案，根据事故的性质和伤害程度，全权领导指挥事故应急救护抢险；向上级报告事故发生，并决定是否要求上级和社会服务组织提供支援；负责事后对事故进行调查处理。

2.副组长职责

协助组长工作，确定事故的性质和伤害程度，制订现场应急抢险救援具体方案，调动项目部的设备物资，负责现场抢险救援指挥，事后参与对事故的调查处理，落实安全整改措施。

3.现场救护组工作职责

在组长、副组长的指挥下，根据现场的允许条件，实施现场处治，将人员和设备迅速撤离危险地点；救护受伤人员，适时调整并调集人员、设备和物资，控制事故扩大发展。

4.伤亡救护组工作职责

负责现场伤员的医疗抢救工作，根据伤员受伤情况做好运转工作；负责死亡人员遗体的保护和临时处理。

5.交通联络组工作职责

维护现场治安，保证现场交通秩序。将获救人员转至安全地带，对危险区域进行有效的隔离。保证抢险施救必要的交通运输和通信。

6.后勤保障组工作职责

提供技术保障，并保证应急处置的通信畅通，物资、设备和资金及时到位，保证后勤供给，做好生活保障。

7.综合处治组工作职责

妥善安置伤亡人员和接待伤亡人员的家属，配合公司做好理赔工作。按要求提供事故情况和相关资料，参与评估事故影响程度和损失，提出防止事故重复发生的意见和建议。

（三）应急联系方式

应急联系方式见表7-2。

应急联系电话表 表 7-2

姓　名	应急领导小组职务	项目部职务	联系电话	备　注
×××	组　长	项目经理	×××	
×××	副组长	项目总工	×××	
×××	副组长	副经理	×××	
×××	成　员	医　生	×××	
	成　员		×××	
	…			
值班室座机电话			×××	
治安警务电话			110	
急救电话			120	

四、桥梁施工安全事故的预防

1. 制订所有项目的安全管理规定

对于桥梁施工所能发生安全事故的所有作业，如高空作业、水上水下作业、吊装作业、机械交叉作业、深基坑开挖、临边作业、悬空作业等，都必须制订一整套完整的安全管理规定和安全操作规程。

2. 加强事故预防

对桥梁施工的事故多发地点，如施工现场施工所用的高、低压设备及线路，使用气焊、电焊等工具焊接钢筋的生产现场，仓库、加油站、拌和站、梁体预制场、基坑开挖、钻孔桩平台、起重吊装梁体、高处作业，临边和临空作业，攀上爬下的通道等场所都必须全面落实安全防范措施。

3. 全面制订各种《安全施工专项方案》

切实落实职工岗前培训，认真做好《安全技术交底》。不断提高职工队伍的安全意识。

4. 定期进行安全隐患检查与整改

项目部每月至少两次对临时用电、电器设施、易燃易爆物品、油库、生产区、拌和站、桥梁场、基坑开挖、钻孔桩、梁体运输与吊装、高处作业等桥梁施工现场进行检查。查出的问题立即落实整改。

5. 制订应急预案，加强预警机制

项目部安全环保部应专人每天对施工现场进行安全巡查，形成严密的安全预警系统，并对安全应急预案进行演练，做到一旦事故发生时，沉着应对，有条不紊。

五、应急响应与关闭

1. 启动应急预案

项目部接到事故报警后，应急领导小组组长应立即宣布启动应急预案，各职能行动小组立即各就各位，按照应急预案的分工迅速展开救援。

2. 展开救援

当事故发生时，应急领导小组应立即调动所有物资及人员对事故进行先期处置，防止事故进一步扩大，把事故的危害尽可能地降低到最低危害程度。按照事先安排的分工各应急小组立即展开救援或配合救援。当向驻地安监部门发出请求应急响应时，各应急小组应分工负责对口配合实施救援工作。

3. 应急终止

现场救援工作基本结束，人员搜救完成，财产被救出，导致次生、衍生事故隐患被基本消除，现场得到控制，环境符合有关标准后，经现场应急领导小组批准，应急小组撤出抢救现场，现场应急救援终止。然后开展事故原因调查，进行事故经验教训总结，制定整改措施，做到“四不放过”。编制事故救援处理总结报告。

4.事故处理的延续

(1)上级单位或其他单位需要对事故进一步调查处理时，施工项目部应及时抽出人力、物力、财力等，积极配合上级单位的调查。

(2)施工项目部应无条件提供一切所需的资料，允许调查组查阅所有资料，允许调查组询问所有相关人员。

(3)不准有任何隐瞒和弄虚作假，对有意弄虚作假者加重处罚，触犯法律的送司法机关处理。

示例二　触电伤害专项应急预案

一、总则

为了确保触电伤害事故发生时，人员能得到及时有效地救治，使损失减少到最低程度，制订本预案。

二、预案的职责范围

本预案适用于项目施工工地发生触电伤害的应急抢救。发生在项目经理部生产施工范围内的所有触电伤害事故，由项目部负责组织抢救。发生在下属各工区的触电伤害事故，由各工区在第一时间进行现场抢救并报告项目部，项目部接到报告后应立即赶赴现场进行抢救指导。

三、触电伤害救护应急预案领导小组

领导小组的组成和分工职责见表7-3。

触电伤害救护应急领导小组组成及分工职责　　表7-3

职能 组别	责任人	职责任务
指挥	项目经理：××× 项目总工：××× 副经理：×××	指挥协调
联络组	综合办公室：×××、×××	负责对内、对外联络
交通组	司机班：×××、×××、×××	负责交通运输
救护组	工程部：×××、×××、×××、××× 物资设备部：×××、×××、××× 电工班：××× 医务人员：××× 事故现场施工负责人、所属工区负责人：×××	负责负伤人员救治和送治

四、应急响应

(1)触电事故发生时，现场人员应立即将事故情况报告项目部“触电伤害救护领导小组”，项目部领导小组应立即启动触电伤害救护应急预案。

(2)视情况截断电源。

(3)联络组根据触电伤害严重程度确定是现场施救还是送医院救治，或是请医护人员到现场组织抢救，做好与医院的联络，并向上级有关部门报告。

(4)交通组集结并发动车辆待命。

(5)救护组应确定触电伤害的程度,并立即进行现场抢救,同时根据伤害的严重程度,做出是否边抢救、边送医院的决定。

(6)如需送医院救治(急救电话120)或是请医护人员现场组织施救,对外联络组负责拨打急救电话120通知附近医院,报120时要讲明地点,触电伤害严重程度和现场地点、联络电话,并派人到路口迎接来车和指示交通。

(7)领导小组要负责现场的指挥、救护、通信、车辆的使用调度工作,并保护好事故现场。

五、触电事故的现场急救

1.受伤害人员迅速解脱电源

一旦发生触电事故时,切不可惊慌失措,首先要设法使触电者脱离电源。使病人脱离电源的方法一般有以下几种:

(1)切断电源。当电源开关或电源插头就在事故现场附近时,可立即将闸刀拉下或将电源插头拔掉,使触电者脱离电源。应注意有的普通电灯开关(如拉线开关)只切断一根导线,有可能断开的不一定是火线。因此,必须确认是否完全切断了电源。

(2)用绝缘物移去带电导线。当带电导线触及人体引起触电,且不能采用其他方法解脱电源时,可用绝缘物体(如木棒、竹竿、绝缘手套等)将电线移掉,使受害人脱离电源。

(3)用绝缘物切断带电导线。出现触电事故,必要时可用绝缘工具(如带有绝缘柄的电工钳、木柄斧以及锄头等)切断导线,以断开电源。

(4)拉拽触电者衣服,使之摆脱电源。若现场不具备上述三种条件,而触电者衣服干燥,救护者可用包有干毛巾、干衣服等干燥物的手拉拽触电者的衣服使其脱离电源。

(5)必须指出,上述办法仅适用于220/380V“低压”触电的抢救。对于高压触电应及时通知供电部门,采用相应的紧急措施,以免产生新的事故。总之,在现场可因地制宜,灵活运用各种方法,迅速安全地使触电者脱离电源。

2.现场施救

(1)触电人出现休克失去知觉的应立即进行人工呼吸,人工呼吸的方法有:嘴对嘴人工呼吸,或有节奏的压迫胸部心脏部位。严禁进行强心针注射。

(2)触电人可能会摔倒或跌落造成新的次生伤害时,应做好相应保护工作。特别是事故现场在高处时,危险性更大,相应保护工作应切实可靠。

(3)解脱电源时应辅以相应措施,避免发生二次事故。此外,解脱电源时,除应注意自身的安全外,还需注意不可误伤他人。

示例三　高空坠落救护专项应急预案

一、总则

本预案是根据×××工程第×××合同段的具体情况而制订,适用于本合同段项目部和所属工区发生高处作业安全预控和坠落事故应急救援工作的指导。

二、编制依据

(1)《中华人民共和国安全生产法》(中华人民共和国主席令第70号)。

(2)《中华人民共和国消防法》(中华人民共和国主席令第83号)。

(3)《建设工程安全生产管理条例》(2003年11月国务院第28次常务会议通过)。

(4)《安全生产许可证条例》(2004年1月国务院第34次常务会议通过)。

(5)《重大危险源辨识》(GB 18218)。

(6)《建筑施工安全检查标准》(JGJ 59—99)。

(7)《建筑施工高处作业安全技术规范》(JGJ 80—91)。

(8)当地省市保级人民政府有关安全生产的文件。

(9)本公司有关安全生产的管理办法和制度。

三、高处作业主要危险源识辨和风险评价

(1)高处作业可能发生的事故类型为高处坠落,发生的地点为项目部所属各单位高处作业部位和作业全过程。

(2)高处坠落的伤害可能有操作人员坠落或高空物体坠落伤及他人或他物。

(3)高空坠落事故其影响范围为施工作业整个场所。可能影响的人员为施工作业场内的所有人员;可能影响的物体为处在高空上的物体和处在高空作业下方的其他物体。

(4)发生事故的严重程度可能造成1人或数人伤亡,甚至构成重大安全事故或事件。

四、高处作业安全预控措施

1.高处作业基本要求

(1)各施工项目中涉及的所有高处作业的安全技术措施必须列入本工程的施工组织设计,并经主管部门审批后方可施工。

(2)高处作业必须逐级进行安全技术教育及交底,对各种用于高处作业的设施和设备,在投入使用前,必须经检查确定完好后才能使用。

(3)经常搭设高处作业安全设施的人员,如架子工、塔吊工、起重工、模板工等,必须经专门培训机构培训,经考核合格后方可上岗,并应定期进行体格检查。另外有可能短时上高空作业的人员,也应在上高空之前进行严格的安全技术交底。

(4)遇有大风、暴雨、雷电、严重大雾等恶劣天气,不得进行露天攀登与高处作业。

(5)用于高处作业的防护设施,不得擅自拆除,确因作业需要临时拆除,必须经项目部施工负责人同意,并采取相应可靠的措施,作业后应立即恢复。

(6)高处作业的防护设施在搭拆过程中应相应设置警戒区,派人监护,严禁上、下同时拆除。

(7)高处作业人员的衣着要灵便,不可赤膊裸身,脚下要穿软底防滑鞋,不能穿拖鞋、硬底鞋和带钉易滑的靴鞋。

(8)高处作业中所用的物料应堆放平稳,不可放置在临边、洞口附近或妨碍通行和装卸。对于有坠落可能的物料、工具,都应一律先行撤除或加以固定。

(9)施工过程中,若发现高处作业的安全设施有缺陷或隐患,必须及时解决,危及人身安全时,必须停止作业。

(10)高处作业安全设施的主要受力杆件,力学计算用一般结构力学公式,强度及刚度计算不考虑塑性影响,构造上应符合现行的相应规范要求。

2.临边高处作业的安全防护措施

(1)设置防护栏杆。对于高度大于2.5m的基坑周边,无外脚手架的屋面与楼层周边,未安装栏杆或栏板的阳台、料台与挑平台周边,分层施工的楼梯口和梯段边等都必须设置防护栏杆。要求:防护栏杆高度不低于1.2m,上、下横杆间隔0.6m;栏杆柱间隔不应大于2m。

(2)架设安全网。对高度超过2.5m(包括2.5m)的高处作业,必须架设立网全封闭,立网采用密目式安全网。

(3)设置安全门或活动防护栏杆。各种垂直运输接料平台，在平台口应设置高度不低于1.2m的安全门或活动防护栏杆，且用密目式安全网封闭。

3.洞口高处作业安全措施

(1)边长(或直径)为25～50cm的洞口，用坚实、不可挪动的木板盖，并标识清楚。

(2)边长(或直径)为50～150cm的洞口，四周设防护栏杆，用密目式安全网围挡，必要时在底部横杆下沿设置严密固定的、高度不低于200mm的踢脚板。

(3)边长(直径)大于150mm的洞口除应根据第(2)条设置防护外，同时在可能的条件下，洞口下张挂安全网。

(4)电梯井的防护。应设置固定栅门，栅门的高度为175cm，门栅网格的间距不应大于15cm。同时电梯井内应每隔两层设一道安全网。

4.攀登高处作业上下爬梯要求

(1)立梯攀登作业时，梯脚底部应坚实，不得垫高使用，并采取加包扎、钉胶皮、锚固等防滑措施。梯子的种类和形式不同，其安全防护措施也不同。

(2)立梯的工作角度以70°～80°为宜，梯子上端应固定，踏板上下间距30cm为宜，不得有缺档。

(3)折梯的上部夹角以35°～45°为宜，铰链须牢固，并有可靠的拉撑措施。

(4)固定式直爬梯应用金属材料制成，梯宽不应大于50cm，支撑应采用不小于L70×6角钢，埋设与焊接均必须牢固。梯子顶端的踏棍应与攀登的顶面齐平，并加设1～1.5m高出扶手。攀登高度以5m为宜，超过5m高时宜加设护笼，超过8m时须增设转弯部位和歇脚平台。

(5)梯子如需接长使用，必须有可靠的连接措施，且接头不得超过1m，强度不得低于单梯梁的强度。

(6)移动式梯子则应按现行的国家标准验收，合格后方可使用。

(7)上下梯子时必须面向梯子，且不得手持器物。

(8)沿钢柱上登高时，应使用钢挂梯或设置在钢柱上的爬梯。

5.攀登高处作业上下通道要求

(1)人员应从规定的通道上下，不得在非规定过道进行攀登，也不得任意利用吊车臂架等施工设备进行攀登。

(2)通道可以设置成“之”形或螺旋形，高度大于8m时应设置歇脚平台。

(3)上下通道应独立固定，并设置防护。

(4)钢梁安装通道登高时，应视钢梁高度，在两端设置上下通道或搭设钢管脚手架通道。梁面上需行走时，其一侧应设钢立柱和防护横杆并挂网，还应加设踢脚板。

6.悬空高处作业安全防护措施

(1)悬空作业应有牢靠的立足处，并必须视具体情况配置防护网、栏杆或其他安全设施。

(2)悬空作业所用的索具、脚手板、吊篮、平台等设备，均需检查或经技术鉴定后方可使用。

(3)悬空安装大模板、吊装第一块预制构件、吊装单独的大中型预制构件时，必须站在操作平台上操作。正在吊装中的大模板和预制构件上，严禁站人和行走。

(4)安装管道时必须有已完结构或操作平台为立足点，严禁在安装中的管道上站立和行走。

(5)高处绑扎钢筋和安装钢筋骨架时，须搭设脚手架和马道，必要时应搭设操作平台和张挂安全网。

(6)混凝土浇灌离地2m以上的框架、过梁等结构时，应设操作平台。浇筑拱形结构时，应自两边拱脚对称地相向进行。

(7)进行各项窗口作业时，操作人员的重心应位于室内，不得在窗台上站立，并系好安全带。

7. 使用移动式操作平台高处作业安全防护措施

(1)移动式操作平台应由专业技术人员按规范设计,计算书及图纸应编入施工组织设计。

(2)移动式操作平台面积不应超过 $10m^2$,高度不应超过 5m,同时必须进行稳定计算,并采取措施减少立柱的长细比。

(3)装设轮子的移动式操作平台,连接应牢固可靠,立杆底端离地面<80mm。

(4)在移动时,平台上的操作人员必须撤离,不准载人移动平台。

8. 使用悬挑式钢平台高处作业安全防护措施

(1)悬挑式钢平台的结构构造应防止左右晃动,计算书及图纸应编入施工组织设计。

(2)悬挑式钢平台的搁支点与上部结点必须位于建筑物上,不得设置在脚手架等施工设施上。

(3)斜拉杆或钢丝绳,数量上宜两边设置前后两道,且每一道均应作单道受力计算。应设 4 只吊环(经验算),吊环用甲类 3 号沸腾钢(不得使用螺纹钢)。

(4)安装时,钢丝绳与建筑物(柱、梁)锐角利口处应加软垫物。钢平台外口略高于内口,周边设置固定的防护栏杆。

(5)钢平台搭设完毕后应组织专业人员进行验收,合格后方可使用,同时挂设限载重量牌。

9. 交叉高处作业安全防护措施

(1)由于上方施工可能坠落物件或处于起重机扒杆回转范围之内的通道,在其影响范围内,必须搭设双层防护棚。防护棚的宽度根据坠落半径确定。

(2)结构施工自二层起,凡人员进出的通道口均应搭设安全防护棚,高度超过 24m 的层次,应搭设双层防护棚。

(3)支模、浇、筑等各工种进行立体交叉作业时,不得在同一垂直方向上操作。可采取时间交叉、位置交叉,如时间交叉、位置交叉不能满足施工要求,必须采取隔离封闭措施后,方可施工。

五、高处坠落紧急救护

1. 成立项目部应急救援领导小组

组长:项目经理

常务副组长:分管安全副经理

副组长:项目总工,副经理(或专职安全工程师)

成员:项目部各部门负责人,安保部全体人员

2. 项目部应急救援领导小组职责

组长(项目经理)职责:高处坠落事故发生后,组长应立即宣布启动应急预案响应,并全面负责指挥现场救援。

副组长(总工)职责:协助组长负责现场救援的技术工作,为应急救援工作中提供总体技术支持,负责组织制订应急救援方案并指导和监督实施运行。

副组长(副经理)职责:协助组长负责现场组织、指挥应急救援工作,为救援现场人力、物力、财力资源总调度,负责组织应急救援技术方案具体实施。

领导小组下设的各职能小组的工作职责见表 7-4。

3. 应急救援资源配备

(1)应急救援资金配备。项目财务部必须保证 10～20 万元的应急救援备用金,以备紧急事件发生时,有足够的财力支持应急救援工作。

(2)应急救援物资配备。应急救援的物资配备为抢险救援专用,用于消耗的物资必须储备专用,做上明显标记“抢险专用”,任何时候不得随意动用。一般施工项目部用于高处坠落抢险救援的物资配备

见表 7-5。

高处坠落救护应急领导小组组成及分工职责 表 7-4

职　能	责 任 人	电　话	职责任务
组　长	项目经理：×××	×××	现场负责指挥
常务副组　长	安全副经理：×××	××× ×××	现场负责协调指挥
副组长	总工：××× 副经理：×××	××× ×××	制订救援方案并督促执行，调动救援资源
联络组	由综合办公室全体成员、财务室人员组成，综合办主任任组长，并指定应急抢险救援联络员×××、×××	固定座机电话： ××× 办公室主任电话： ×××	负责对内、对外联络，电话座机值班员必须迅速到位；负责接待外来有关人员和伤亡者家属亲友等，安排后勤生活，负责救援资金筹集办理
交通组	由司机班全体人员组成，由小车司机班班长任组长	班长：×××	负责交通运输
救护组	安保部全体人员，工程部全体人员，物资设备部全体人员，工地试验室全体人员，医务人员，事故现场施工负责人，所属工区负责人	安保部主任电话： ××× 工程部主任电话： ××× 物资部主任电话： ××× 试验室主任电话： ××× 工区主任电话： ××× 医务人员电话： ×××	负责抢险所需的一切人力、物力、设备材料供应，负责对事故现场采取加强措施，负责负伤人员救治和送治，负责事故现场治安保卫

高处坠落抢险救援物资配备 表 7-5

序　号	名　称	数　量	存放位置	管理责任人
1	救援指挥车	1 辆	项目部驻地	小车班班长
2	运输车	1 辆	施工现场	物资设备部主任
3	挖掘机	1 辆	施工现场	物资设备部主任
4	装载机	1 辆	施工现场	物资设备部主任
5	安全帽	50 个	项目部及施工现场	物资设备部主任
6	安全绳	20 条	项目部及施工现场	物资设备部主任
7	紧急常用药品	一批	项目部	综合办主任
8	扩音喇叭	2 只	项目部及施工现场	综合办主任
9	应急联络电话	1 部	项目部固定座机电话	综合办主任

(3)社会资源联络。在发生突发性高处坠落紧急事故时，充分利用社会资源，根据实际需要将与工程所在地地方政府机构或部门请求支援，如请求火警 119 支援、请求医院急救 120 支援、请求 110 支援等。

六、应急响应

1.应急救援预案启动条件

当项目部所属各单位在日常施工生产中遇到突发性高处作业坠落紧急安全事故(状态)时,由应急救护领导小组组长下令启动并运行本应急救援预案,把事故损失降低到最大限度。

2.接警与通知

(1)接警。接警部门为项目部综合办公室。接警人接到报警后,应详细询问以下内容:事故发生时间、详细地点、事故性质、事故原因初步判断、简要经过介绍、人员伤亡及被困情况、现场事态控制及发展情况等,并做好记录。

(2)通知。接警人接到报警后,由综合办公室主任向救援领导小组组长(项目经理)详细报告,组长决定是否启动应急救援预案及是否向有关应急机构、政府及上级部门发出应急救援申请。启动应急救援预案的通知应由联络组(项目部综合办公室)通知应急组织机构中各职能小组负责人。

3.应急通讯联络系统

项目部应急救援联络工作由联络组(项目部综合办公室主任)负责。应急救援联络途径如下:

(1)对外应急求救。

公安警力求救电话:110

火警支援求救电话:119

医疗急救求救电话:120

(2)项目应急救援领导小组成员手机号码。

项目经理手机:×××安全副经理手机:×××

项目部总工手机:×××项目副经理手机:×××

工程部主任手机:×××安保部主任手机:×××

财务部主任手机:×××物资设备部主任手机:×××

综合办主任手机:×××计划合同部主任手机:×××

试验室主任手机:×××

联络组固定电话:×××

4.现场保护

突发性高处坠落紧急事故事件发生后,安全环保部门立即派人赶赴事故、事件现场,负责事故、事件现场保护,开展初步救护工作。因抢救人员、防止突发性高处坠落紧急事故、事件扩大以及疏通交通等原因,需要移动现场物件时,要做好标志、标记,并绘制现场简图,写出书面材料,妥善保存现场重要痕迹、物证。

5.警报和紧急公告

当事故可能影响到周边地区,对周边地区的公众可能造成威胁时,应及时启动警报系统,向周边公众发出警报,同时通过各种途径向公众发出紧急公告,告知事故性质、对健康的影响、自我保护措施、注意事项等,以保证公众能够做出及时自我防护响应。项目经理决定是否启动警报,警报和紧急公告由安全环保部门负责组织实施,相关部门配合,警报方式采用扩音喇叭向周边区发出警报。

6.事态监测

发生突发性高处坠落紧急事故、事件并启动应急预案后,由安全环保部、工程技术部、工地试验室负责人各指定本部门1名人员组成事态监测小组,负责对事态的发展进行动态监测并做好过程记录。监测的内容包括:事故影响边界、气象条件,对食物、饮用水、卫生及环境的污染,爆炸危险性、受损建筑物垮塌危险性等。

7. 警戒与治安

为保障现场应急救援工作的顺利开展，在事故现场周边建立警戒线，实施交通管制，维护好现场治安秩序，防止与救援无关人员进入事故现场，保障救援队伍、物资运输和人群疏散等交通畅通，并避免发生不必要的伤亡。在安全事故救援过程中，现场警戒与治安由安全环保部门负责实施。

现场警戒措施包括：危险区边界警戒线为黄黑带，警戒哨人员佩带臂章，警车亮警灯、鸣警笛，用扩音喇叭警告，警戒哨人员负责阻止与救援无关的人员进入事故救援现场。

8. 人群疏散与安置

人群疏散是减少人员伤亡扩大的关键措施，也是最彻底的应急响应。应根据事故的性质、控制程度等决定是否对人员进行疏散，人员疏散由项目经理下达疏散命令，由综合办公室主任组织、安全环保部门参与实施。应对被疏散的人群、数量、疏散区域、距离、路线、运输工具等进行事先考虑和准备，应考虑老弱病残等特殊人群的疏散问题。对已实施临时疏散的人群，要做好临时生活安置，保障必要的水、电、卫生等基本生活条件。

9. 医疗与卫生工作

由当地医疗部门负责对在突发性高处坠落事故中受伤的人员进行现场急救。对伤情严重的人员立刻转送至工程所在地附近医院或急救中心进行抢救，转送过程中指派专人进行途中护理。120急救车在紧急转送伤员时，救护车鸣警报笛。

10. 公共关系处理

突发性高处坠落事故发生后，应将有关事故的信息、影响、救援工作的进展情况等及时向媒体和公众进行统一发布，以消除公众的恐慌心理，控制谣言，避免公众的猜疑和不满。发布事故相关信息由项目经理批准，由项目部办公室发布，保证发布信息的统一性，及时消除不实传言。

11. 应急救援人员的自身安全

应急救援过程中，应对参与应急救援人员（指挥人员）的安全进行周密的考虑和监视。必要时，应有专业抢险人员参与指挥或作业。在应急救援过程中，由项目部安全环保部指派专人负责对参与应急救援人员的安全进行过程监视，及时发现受伤人员并组织抢救。

七、应急响应终止与现场恢复

（1）当事态得到有效控制，危险得以消除时，由项目经理下达终止应急令。终止应急令由安全环保部专人用扩音喇叭传达至应急救援现场，终止应急救援。

（2）当终止应急救援后，事故现场仍然存在可能的不明隐患时（如可能存在不明火种、建筑物及救援临时设施有可能倾覆等），现场警戒不予解除，直至经技术部门技术鉴定确认无不明隐患后，告知安全环保部部门负责人，由安全环保部部门负责人下令解除现场警戒。

（3）警戒解除后，由应急救援队伍负责恢复现场。清理临时设施和救援过程中产生的废弃物，恢复现场办公生活基本功能等，由综合办公室负责组织被疏散人员的回撤和安置。

八、应急预案培训与演练

（1）应急预案的培训由施工项目部组织实施。培训时间间隔不应超过12个月。培训对象应包括参与应急救援的指挥人员、救援队伍人员、辅助等相关人员。培训方式采用集中培训，培训地点在项目部驻地。

（2）应急预案的演练主要采用桌面演练，即由项目部应急救援领导小组负责人、领导小组各职能小组负责人、各施工区负责人、应急救援辅助及相关人员参加。按照应急预案要求讨论紧急情况时应采取口头演练活动。主要是锻炼人员解决问题的能力；解决应急组织相互协作和职责划分等问题。本部分演练由项目安全环保部组织，间隔时间不应超过 12 个月，地点可选择在项目部驻地比较开阔的场所。

(3)在组织桌面演练的同时，针对应急联络系统的功能进行功能演练(在允许条件下，可对外部救援资源如 110、119、120 的通信系统功能一并进行演练)，确认通信系统的准确性、畅通性、及时性是否满足应急的要求，即通信系统的响应能力的检测。本部分功能演练由项目综合办公室主任在项目办公室实施。

九、预案的评审与改进

(1)根据应急预案演练过程的记录，对应急预案的功能和效果进行评审。

(2)对在培训或演练过程中反映出的功能不足或效果不佳的局部或阶段，应进行分析总结，确定需要的人力、物力、财力资源及时间的充分性。根据分析总结的结果对预案功能予以改进。

(3)预案的评审与改进由应急领导小组授权项目部安全环保部组织，由应急救援领导小组各职能小组负责人、应急救援队伍和其他辅助等相关部门或人员参加，对应急预案进行讨论、补充完善。

(4)预案经过评审修订以后应形成新的文本。

示例四　防汛抢险专项应急预案

为了强化防汛工作，减轻洪涝灾害，维护工程项目和从业人员的生命财产安全，保障工程建设的顺利进行，根据《中华人民共和国防洪法》制定本预案。

一、总则

(1)紧急预案对象。针对可能对本项目造成人员伤亡、财产损失，环境破坏的突发灾害。如洪水、泥石流、滑坡、塌方、坍塌、火灾、暴雨、大风等地质灾害，特殊气候灾害，制定专项应急预案。本预案专门针对防洪抢险而制定。

(2)紧急预案目的。本着“安全第一，预防为主，综合治理”的安全生产方针，“全面规划、统筹兼顾、预防为主、综合治理、局部利益服从全局利益”的防洪工作原则，保护人员生命财产的安全，防止环境的破坏，将国家和人民财产损失降到最低限度。

(3)《中华人民共和国防洪法》明确规定：任何单位和个人都有保护防洪工程设施和依法参加防汛抗洪的义务。防洪抢险，人人有责，义不容辞。

二、防洪应急抢险组织机构

1.项目部设置防洪应急抢险领导小组

领导小组由项目部主要人员组成，领导小组下设置相应的工作职能组。

组长：项目经理

副组长：项目总工，副经理

成员：项目部各部门负责人，各工区负责人(列出名单)

2.应急领导小组工作职责

(1)组长(项目经理)职责。防洪抢险应急事件发生后，组长应立即宣布启动应急预案响应，并全面负责指挥现场防洪抢险应急工作。

(2)副组长(总工)职责。协助组长负责现场防洪抢险的技术工作，为应急救援工作中提供总体技术支持，负责组织制订应急救援方案并监督指导实施。

(3)副组长(副经理)职责。协助组长负责现场组织、指挥防洪抢险工作，为救援现场人力、物力、财力资源的总调度，负责组织应急救援技术方案实施。

(4)各职能工作组工作职责。当防洪抢险应急事件发生后，在应急小组领导的指挥下，进行各种抢险救援工作，把灾害损失降低到最低程度，并防止发生次生灾害。应急救援领导小组各职能小组的具体职责见表7-6。

防洪抢险应急领导小组组成及分工职责　　表7-6

职　能	责　任　人	电　话	职责任务
组　长	项目经理：×××	×××	现场负责指挥
副组长	总工：××× 副经理：×××	××× ×××	制定救援方案并督促执行，调动救援资源
联络组	由综合办公室全体成员、财务室人员组成，综合办主任任组长，并指定应急抢险救援联络员×××、×××	固定座机电话：××× 办公室主任电话 ×××	负责对内、对外联络，应急专用座机值班员必须迅速到位；负责接待外来有关人员，安排后勤生活；负责救援资金筹集办理
交通组	由司机班全体人员组成，由小车司机班班长任组长	小车司机班班长电话：×××	负责交通运输
救护组	由项目部医务人员和部分女职工组成，医务人员×××任组长	救护组组长和医生电话：××× 电话：×××	负责受伤人员现场救治转送治疗等
抢险组	由安保部全体人员，工程部全体人员，物资设备部全体人员，工地试验室全体人员组成。负责防洪现场抢险施工和临时突击任务	安保部主任电话： ××× 工程部主任电话： ××× 物资部主任电话： ××× 试验室主任电话： ××× 工区主任电话： ×××	施工项目部就将项目部全体青、壮年人员组成抢险突击队，突击队又分第一梯队和第二梯队，抢险负责抢险所需的一切人力、物力、设备材料供应，负责对事故现场采取加强措施

三、防洪抢险的基本任务

(1)贯彻执行防洪工作的方针政策和原则。

(2)贯彻执行防洪抢险工作领导负责制。

(3)落实各级防洪抢险责任制。

(4)修建和治理汛期隐患工程设施。

(5)抢险、排险、救人、抢救物资，将灾害损失控制在最小限度。

(6)迅速恢复生产、生活，维护项目部职工队伍的稳定。

四、紧急预案启动程序

洪水灾害发生→项目部防洪抢险应急领导小组组长宣布启动应急预案→各职能组进入临战状态→接到有关命令或发现险情→组长命令实施抢险方案。

五、防洪抢险方案

1.组织准备

(1)洪水发生期间，项目部防洪应急领导小组组长全天候24小时值班，手机24小时开通。各职能组必须有一人坚持值班，电话保证畅通。

(2)各职能组、抢险突击队随时准备待命,所有人员电话 24 小时开通,所有人员禁止随意外出,经请假急事外出要保持联系,保证接到命令后能在规定时间内赶回。

(3)项目部所有车辆,所有大型机械一律加满油料,处于临战状态,司机电话 24 小时开通。

(4)料库提前准备必要的抢险物资,准备必要的急救设备及药品,加强与地方相关部门的情报联络及信息收集,保持内部的有效联系。

(5)现场管理人员、专职安全员、工地警卫要有高度责任感,必须坚守岗位、恪尽职守,加强工地巡视、检查,一旦发生隐患和险情,立即上报。

2. 物资准备

(1)综合办公室。办公室主任负责救援车辆与通信保证。

①救援行政小车 3 台,通信电话 5 部以上。

②医用药品(如纱布、酒精、棉签、止血药品等)、担架、相关急救工具等。

(2)工程技术部。负责现场监控。

(3)物资设备部。负责工程抢险机械和应急救援物资。

①抢险机械。装载机 2 台、挖掘机 1 台、运输车辆 4 台、喷浆机 5 台等;200kW 发电机组 1 台。

②救援物资。格栅拱架(提前加工)、砂袋、麻包、铁锹、雨衣、水鞋、手套、安全帽、应急手持灯具、口哨、手持喇叭、警铃、电话机、手机、急救箱和常用药品、空压机、推土机、铲车、挖掘机、汽车、高压风管、高压水管、ϕ100 铸铁管、砂、石、水泥等。

③以上物资必须经常储备,保证应急抢险时随调随有,随调随到。

3. 责任及义务

(1)防洪抢险,人人有责,义不容辞。

(2)防洪抢险,服从大局;个人服从集体,小集体服从大集体,单位集体服从国家。用小的牺牲,换取全局胜利。

(3)服从命令,听从指挥。不慌乱,不盲目,有条不紊开展抢险救援工作。

(4)险情就是命令,险区就是战场,抢险就是战斗。人人必须勇往直前,奋勇当先。畏缩不前者、临阵退却者严惩。

(5)发现险情,及时上报。知情不报或隐瞒不报而延误抢险者严惩。

示例五　高大模板垮塌事故现场处治方案

一、现场原则要求

(1)高支架、大模板现浇施工大体积混凝土,对支架和模板都应进行专项设计。如果设计不当,一旦发生跑模或支架、模板垮塌,将会造成人员伤亡和重大财产损失。为了将事故损失降低到最小限度,制订本应急预案。

(2)高大支架、高大模板施工应进行专项方案设计,应有详细的设计计算书,不经过设计计算的高大支架和高大模板方案不得用于实际施工。不能因为有应急预案就可以忽略对高大支架和高大模板的设计安全要求。

二、事故应急处理组织机构和职责

1. 成立事故应急处理领导小组

项目部成立事故应急处理领导小组,负责混凝土施工支架模板垮塌事故的应急处理工作。

组　长:项目经理×××

副组长:项目总工×××,副经理×××

成　员：项目部各部门负责人，混凝土施工负责人，架子工队长

（列出所有人员名单）

2.应急领导小组下设多个必要的职能组

(1)现场处治组

(2)伤亡救护组

(3)交通疏导组

(4)后勤保障组

(5)善后调查组

以上各组应指明组长是谁，成员有哪些，列出所有名单。职能小组组长一般是由项目部各部门的负责人担任。

3.应急领导小组联系方式

施工期间，重要联系电话全天24小时不得关机，值班电话全天24小时必须有人坐守值班。所有电话联系方式见表7-7。

应急处治联系电话　　　表7-7

姓　名	应急领导小组职务	项目部职务	联系电话	备　注
×××	组　长	项目经理	×××	
×××	副组长	项目总工	×××	
×××	副组长	副经理	×××	
×××	副组长	副经理	×××	
	成　员			
	……			
值班室座机电话			×××	
急救电话			120	

4.应急处治领导小组工作职责

(1)领导小组组长职责。当发生高大支架和模板垮塌事故后，宣布启动应急预案，发布应急处理命令，并亲自指挥应急处治工作；随时掌握项目现场事故灾害及险情，保证施救工作顺利进行，组织领导事故的善后处理。

(2)副组长职责。协助组长开展应急指挥工作，组长不在位时，代行其职责；组织编制现场处置方案，落实项目应急行动组织搞好培训和演练；负责现场应急处置，根据险情发展，提出改进措施。

(3)现场处治组工作职责。在允许的条件下，实施现场处治，将人员和设备迅速撤离危险地点；根据现场情况，适时调整并调集人员、设备和物资，抢救受伤人员。

(4)伤亡救护组工作职责。负责现场伤员的医疗抢救工作，根据伤员受伤情况做好运转工作；负责死亡人员遗体的保护和临时处理。

(5)交通疏导组工作职责。维护现场治安，保证现场交通秩序。将获救人员转至安全地带，对危险区域进行有效的隔离。保证抢险施救必要的交通运输和通信。

(6)后勤保障组工作职责。提供技术保障，并保证应急处置的通信畅通，物资、设备和资金及时到位及后勤供给，做好生活保障。

(7)善后调查组工作职责。妥善安置伤亡人员和接待伤亡人员的家属，配合公司做好理赔工作。按要求提供事故情况和相关资料，参与评估事故影响程度和损失，提出防止事故重复发生的意见和建议。

三、支架模板垮塌防护与处理措施

(1)除了事先应对高大支架和模板必须进行专项设计并审批外，还应对混凝土的施工顺序进行设计。在受剪力较大结构部位，不宜留置施工缝。

(2)控制混凝土的施工速度，分层均匀浇筑。加强对支架、模板的观测，发现支架、模板的沉降或变形有异常时，立即停止施工，迅速撤离人员和机械。

(3)在浇混凝土过程中突然遇到雷电、暴雨、大风等恶劣天气时，停止混凝土浇筑，做好混凝土施工缝处理后撤离人员、机械。

(4)事故发生后迅速停止施工，抢救受伤人员，人员、机械迅速撤离现场。

(5)现场施工负责人立即向项目部报告事故发生和事故简要情况。

(6)项目部应急领导小组根据事故情况启动应急响应。

(7)事故善后调查工作必须将事故原因调查清楚，对事故的处理应做到“四不放过”。

示例六　疫情、中毒等重大事件现场处治方案

一、编制依据

本应急预案是针对发生重大疫情流行，或发生严重食物中毒事件的情况而编制，本预案的编制依据是《中华人民共和国传染病防治法》、《中华人民共和国食品卫生法》。

二、疫情、中毒危险及其发展过程简单分析

(1)人员与外界交往频繁，易发生传染流行病，一旦传入工地，将发生灾难性后果。

(2)工地人员多、住宿和就餐较为集中，人员外出一旦感染流行病带入工地，将会形成蔓延趋势，施工人员可能发生交叉感染(如出差、探亲回归)。

(3)夏季露天作业发生中暑，或食用变质、受污染食品。

(4)食堂意外购买了有毒食物，导致职工发生群体食物中毒。

(5)工地内环境卫生条件恶化，发生传染疾病。

(6)季节周期性所特有的传染疾病传入工地。

三、建立应急处理领导小组

1.应急领导小组组成

项目部成立疫情、中毒应急处理领导小组，负责应急处理重大疫情或中毒事件发生后的各项应急工作。

组　长：项目经理×××

副组长：项目总工×××，副经理×××，医务人员×××

成　员：项目部各部门负责人，各工区负责人等(列出所有人员名单)

2.应急领导小组下设多个工作职能组

根据疫情的严重程度或中毒事件的严重程度，应急领导小组之下可以设置以下一些职能组：

(1)医疗救护组

(2)通信联络组

(3)后勤保障组

(4)治安保卫组

(5)善后综合处置组

以上各组应指明组长是谁，成员有哪些，列出所有名单。职能小组组长一般是由项目部各相应部门的负责人担任。

3. 应急领导小组联系方式

应急领导小组联系电话见表 7-8。

应急领导小组联系电话 表 7-8

姓　名	应急领导小组职务	项目部职务	联系电话	备　注
×××	组　长	项目经理	×××	
×××	副组长	项目总工	×××	
×××	副组长	副经理	×××	
×××	副组长	医生	×××	
	成　员		×××	
	…			
值班室座机电话			×××	
治安警务电话			110	
急救电话			120	

四、应急领导小组的分工职责

1. 组长职责

(1)评估事故的规模及发展态势，建立应急步骤，以控制和降低事故风险和危害给其他人员带来的损害。

(2)必要时请外部机构直接参与救援，并提供建议和信息。

(3)与上级各部门取得和保持联系。

(4)对保持紧急情况的记录做出安排。

(5)在事件结束后，控制受影响的区域的恢复，组织内部人员参与和协助上级各部门对事件调查与处理。

2. 副组长职责

(1)协助组长开展应急处置指挥工作，组长不在位时，代行其职责。

(2)组织编制应急处置具体工作安排，落实项目应急行动，组织做好培训和演练。

(3)负责现场应急处置，根据疫情发展情况，随时提出或决定应急处置行动方案，改进处置措施。

3. 医疗救护组工作职责

(1)救治病员或对外联系医院转送病员。

(2)开展全面消毒防护。

(3)发放预防药品。

(4)开展医疗预防知识宣传。

4. 通信联络组工作职责

(1)负责内部和外部联系沟通，负责内外信息传达与反馈。

(2)负责交通运输。

5. 后勤保障组工作职责

(1)保证应急处置期间一切生活必须。

(2)保证各种应急物资供应。

(3)保证应急资金。

6. 治安保卫组工作职责

(1)对隔离区实行强制管理,设置警戒线、警戒岗,控制隔离区内外人员的出入。

(2)负责非疫情人员的疏散与安置,对不听劝阻或强行出入隔离封闭区域的人员实行强制手段予以阻止。

(3)保证救护人员和车辆通行畅通。

(4)特殊情况下负责与 110 和 120 单位的联系。

(5)向集中隔离人员传递相关信息和救援救护机构的指令。

7. 善后综合处置组工作职责

(1)协调各职能组的工作配合。

(2)负责对内、对外的接待。

(3)管理应急处置的各种文件资料。

(4)负责突发疫情事故和中毒事件善后调查处理并形成报告。

五、现场处置

(1)当疫情或中毒事件发生后,由应急领导小组组长宣布启动应急预案。

(2)各职能行动组各就各位,根据各组的职责分工立即进入工作状态。

(3)将事件性质向上级汇报,向当地政府和医疗单位报告,请求当地政府(公安机关)和医疗单位采取措施。

(4)如果是疫情发生,则应建立隔离区或临时安置区,进行隔离治疗或转送医院治疗;如果是中毒事件,则应建立专门安置区进行治疗或转送医院治疗。

(5)如果是疫情发生,则应查清疫情性质和传染过程、传染路径;如果是中毒事件,则应查清中毒性质和发生原因。

(6)如果是疫情发生,则应向全体有关人员发放预防药品,开展预防知识教育,对疫情发生区域每天消毒一次。

(7)做好迎接上级工作组进场救护处理的一切准备工作。

第八章　施工安全技术交底内容

本章的主要内容是介绍施工技术交底时安全交底的内容，而不是工程技术方面的内容。

第一节　路基工程安全技术交底

一、挖土方工程安全技术交底内容

(1)进入现场必须遵守安全生产纪律。

(2)挖土中发现管道、电缆及其他埋设物，应及时报告，不得擅自处理。

(3)挖土时要注意土壁的稳定性，发现有裂缝或坍塌可能时，应立即离开并及时处理。

(4)人工挖土，前后操作人员间距离不应小于 2～3m，堆土要在 1m 以外，并且高度不得超过 1.5m。

(5)每天或雨后重新开工前，必须检查土壁及支撑(如果有)稳定情况，在确定无安全隐患的情况下继续工作。

(6)采用机械挖土，在机械启动前应检查离合器、钢丝绳等是否正常，经空车试运转正常后再开始作业。

(7)机械操作中进铲不应过深，提升不应过猛。

(8)机械不得在输电线路下工作，应在输电线路一侧工作。在任何情况下，机械的任何部位与架空输电线路的最近距离均应符合安全技术操作规程要求。

(9)机械应停在坚实的地基上，如基础过差，应采用走道板等措施加固。

(10)电缆两侧 1m 范围内应采用人工挖掘。

(11)配合机械清坡、清底工人，不准在机械回转半径下工作。

(12)用抓斗从汽车上卸土时，应在汽车停稳定后进行，禁止铲斗从汽车驾驶室上空越过。

(13)场内临时运输道路应及时整修，确保车辆安全畅通，各种车辆应有专人负责指挥引导。

(14)开挖出的土方，不得堆于坡顶，以免开挖边坡地面堆载引起边坡垮塌。

(15)夜晚施工照明应充分保证。

(16)防止施工过程中人员、机械触及电线引起触电危险。

二、软土、淤泥处理安全技术交底内容

(1)所有操作人员应严格执行有关操作规程和劳动保护。

(2)挖淤现场施工区域或挖坑周围应有安全标志和围护设施。

(3)开挖前应查明开挖范围内有否陷坑，防止人员、机械意外陷入无法妥善处理。

(4)开挖坑周壁渗水、漏水应及时排除，防止因长期渗漏而使土体破坏，造成挡土结构受伤。在开挖时，必须设有切实可行的排水措施，以免基坑积水，影响基坑土壤结构。

(5)深度较大的淤泥开挖，无法放坡开挖时，应做好坑壁的支护，尽量做到随挖随填。

(6)采用机械措施处理软土地基时应遵守机械操作规定。

(7)夜晚施工照明应充分保证。

(8)防止施工过程中人员、机械触及电线引起触电危险。

(9)开挖出的软土、淤泥应随挖随运,不得堆于坡顶,以免开挖边坡地面堆载引起边坡垮塌。

三、石方爆破施工安全交底内容

(1)进行爆破工作的单位,必须具有爆破作业资质,技术负责人要有爆破工程师证,爆破器材管理人员应具有专业培训证。

(2)凡从事爆破工作的人员,必须经过培训考试合格并持有爆破证。

(3)爆破材料应符合工地使用条件和国家规定的技术标准,每批爆破材料使用前,应进行有关性能的试验鉴定。爆破器材的运输、储存和使用必须符合《中华人民共和国关于民用爆破器材管理条例和防火防爆》的安全要求。

(4)使用机械凿岩打眼时,应打水眼或防尘设施,风钻应先试风,凿岩的高度应在胸部以下,保持钎杆与眼孔在一条直线上,并随时注意防止钎子掉头或钎杆折断。

(5)装炮,安放雷管、填充都要严守操作规定。导火线插入雷管应正直,管口用木质钳夹紧,禁止用牙咬或敲击,导火线长度根据炮眼深度决定,但最短不得短于 1.0m;巴石解炮不得短于 2.0～2.5m;扩底炮导火线长度应长于眼孔深度 3.0～3.5m。

(6)装有雷管的起爆药包,应小心放入炮眼或洞室内,不得受到冲击和猛力挤压;药包装入洞室后,严禁用手拔出或拉动导火索、导爆索、电雷管脚线。

(7)装药前应清除炮眼内的岩浆和石粉,装药时应用木棍或竹棍慢慢压紧,严禁使用铁器和其他金属器具。为了便于处理瞎炮,装药时可在炸药与填塞物之间填一层不少于 10mm 的纸团。

(8)在装药前,方可把爆破材料运至工作面。装药地点的其他工作人员应停止与装药无关的工作,并离开装药地点,严禁边打眼、边装药、边放炮。

(9)在浓雾、暴雨、黑夜时,不得进行露天爆破作业;雷雨时,应停止一切爆破作业。

(10)一切爆破材料严禁接近烟火,禁止用手擦掏雷管内杂物。

(11)炮眼爆破后,不论眼底有无残药,不得打残眼。

(12)爆破时应设置警戒线,爆破危险区的交通道口应警戒哨,已建立音响与视觉两种联系信号,并通知附近单位与人员。

(13)指派专人校对装炮、点炮和响炮数。

(14)起爆原则上应采用电起爆。工人点炮应按先远后近,先长后短的顺序进行,山壁点炮每人每次原则上不得超过 2 个,平地上每人每次不得超过 5 个,点炮炮位之间的距离不得大于 5m。

(15)如确认炮已响完,则应于最后一响 5min 后解除警戒信号,撤除防护人员,如发生瞎炮或不能确认炮已响完,须待最后一响过 20min 后方可进入爆破区进行检查,瞎炮附近应设置防护标志,并报告爆破指挥人员,不得擅自处理。

(16)电力起爆应设有专用的电爆网路,电爆网路的电线应保证绝缘良好,电雷管在使用前应作外观检查和导电性能测量,在同一回路上应采用电阻相同的电雷管。

(17)电爆网路应由炮眼向电源方向铺设。区域线路应铺设于干燥地点,铺设后须对整个网路的导电性能和总电阻进行复测,如实测与计算的电阻差超过 10%时,应进行检查,妥善处理后方准起爆。

(18)电爆闸刀应分别设于总指挥台和起爆人员避爆室,并加盒上锁,钥匙由爆破总指挥和起爆人员分别掌管。

(19)处理瞎炮应遵守以下规定:

①炮眼外电线、导火线经检查完好,可重新起爆。

②用竹、木质工具,将炮眼内纸团以外的填塞物掏出,另外装起炮包重新起爆。

③使用硝氨炸药的哑炮,可掏出填塞物再向炮眼内灌水,使炸药完全溶解失效。

④瞎炮眼 0.6m 处另打一平行炮眼装药起爆。

第二节 沥青路面施工安全技术交底

沥青路面施工安全技术交底分为两大部分：一是沥青拌和厂的安全技术交底；二是路面摊铺现场的安全交底。

一、沥青拌和厂安全技术交底内容

1.沥青拌和厂的一般安全规定

(1)沥青拌和设备是综合性专业设备，技术性强，核心操作人员必须经过专业培训，应充分了解设备性能，熟练掌握设备操作程序，懂得设备的构造，知道设备的保养，经过考试合格取得合格证的人员才能上机操作。

(2)沥青拌和设备调试和检修，必须使设备完全处于停机状态，严禁运转中检修，检修结束重新开机启动之前，应告知设备其他部位所有在机作业人员。

(3)沥青拌和厂的核心设备和其他专项设备都必须按规定用途正常使用，不得交叉互换替代使用。

(4)设备的检修和保养方法的间隔周期，按厂家的说明书规定进行。

(5)设备运行按机载额定指标进行，禁止超量、超速、超时、超温运行。

(6)设备的电机电器应由专业电工安装、调试和检修；接电线路应采用三相五线制接线法。

(7)设备的安全装置必须是和设备相匹配的配套装置，不允许用非正规厂家生产的不配套装置替代。

(8)沥青拌和厂拌和设备在启动前，应检查各仪表指示系统是否处于正常状态，各传动系统是否处于正常润滑状态。

(9)沥青拌和设备在正式启动运转之前先启动进行试运转，用试运转检查设备是否处于正常完好状态。

(10)建立拌和厂设备安全档案，将设备的机械性能指标记录、运行记录、维修保养记录、事故记录详细记入档案中。

(11)进入拌和站必须佩戴安全帽，身着工作服，不准敞胸露背，不准穿拖鞋进入拌和厂内，不准酒后上机操作。

(12)加强门卫管理，不准闲杂人等随便进入拌和厂。

2.沥青拌和厂主机安装及操作的安全规定

(1)主机设备必须安装在坚固、平衡、宽敞、无水的地基上。料斗、料塔、控制操作室必须设置混凝土基础，料塔必须垂直竖立，倾斜度不得大于 0.1%。

(2)料塔必须设置避雷装置。避雷装置的埋地深度和接地电阻均应符合避雷要求，并且接地件不得使用螺纹钢筋，只能用铁条、铝条或铜条。

(3)主机设备系统一定要安装有紧急制动停机装置各紧急制动停机按钮，任何时候都不能有物体遮挡住紧急制动停机按钮。

(4)控制拌和过程的进料速度，防止各进料口的过滤筛上，因来料过剩而产生堆积，影响过滤筛的工作效果，或者发生集料溢出，落入传输运转系统，使系统发生卡阻现象引起停车事故。

(5)整个拌和系统的任何部件需要停机检修，必须首先切断电源，关闭总电源开关(又称为主隔离开关)，拔下保险丝，按下电源自锁装置，确认不会发生电源复位后，再开始检修；必要时(如有多人掌有总电源开关钥匙)应在总电源开关箱上挂上“正在检修，禁止合闸”的警示标志。

(6)在主机仓体内进行检修时，应先向仓内通风、除尘、降温，截断电源，确保主机仓体不会现发生运转，然后检修人员方可入仓检修。

(7)任何部位的检修，如果其部位靠近风管、气罐、压缩机时，应首先完全释放掉风管、气罐和压缩机内的有压气体。

(8)拌和机系统在停机维修后的复位操作顺序为：

①首先操纵各手动过载开关以关闭各过载阀门。

②装上电源保险丝，合上总电源开关，再合上各分电路开关。

③用电工专用钥匙开启“停车”自锁按钮，除去“正在检修”警示标志。

④打开各截流阀的锁固装置，让系统恢复正常运转功能。

⑤检查并确认各部复位正常状态。

⑥总操作室启动运行操作按钮，试车 5～10s，迅即停车。

⑦经确认各部运转正常，再恢复正常运行。

3. 干燥筒、燃烧器、沥青泵的安全操作规定

(1)干燥筒在第一次运转前应除去所有附加在干燥筒上的锁固装置，让干燥筒处于正常可运转状态。

(2)干燥筒进料口的过滤筛应能完全筛除大于集料粒径标准的粗集料，筛子如有破损，则应随时更换，防止过粗集料进入拌和系统引发机械事故。

(3)燃烧器的使用应和鼓风机、干燥筒、红外线测温仪同步运行，关闭燃烧器的鼓风机时，必须确认风管上和灰尘已清除干净。

(4)燃烧器长时间不用时，应关闭燃油管道的阀门，截断油路。

(5)沥青泵的启动首先应进行充分润滑。首次使用的沥青泵在向拌和机泵送沥青之前，开泵后应让热沥青在沥青泵的系统内中循环流动 10min 以上后，再开始向拌和仓泵送沥青，让热沥青将沥青泵系统充分润滑，绝对禁止发生沥青泵“干”转。

(6)用沥青泵开始泵送沥青之前，应确认熬油罐内的沥青已达到工作温度。热沥青的工作温度一般要求不超过 180℃。

4. 控制操作室安全规定

(1)控制室要求视野开阔，窗镜明亮，清洁卫生，温度适宜。

(2)控制室不得让闲杂人等随便进入，不得在控制室内闲聊嬉闹，不得在控制室内从事与操作无关的事情。

(3)每次在设备启动前，或运输车辆装满料之后，应鸣笛警示。

(4)控制室每次工作结束后，应将所有仪表指针回零，关闭电源，关窗锁门，检查所有收尾工作办妥之后方可离开。

5. 沥青熬制系统安全操作规定

沥青熬制系统由熬沥青池、锅炉、导热管等设备组成，是通过导热管内循环流动的导热油对沥青加热而进行熬制。沥青熬制系统是拌和厂内危险因素集中突出部位，加强沥青熬制系统的安全管理尤其重要。

(1)沥青熬制系统在启动工作前，应全面检查系统的各个部位是否处于正常工作状态，检查所有阀门、管路、油箱、水箱、风机等都是处于正常时，才能点火操作。

(2)导热管应经常检查，必须保证所有管路、阀门 100%处于完好状态，不能有丝毫破损或漏油。

(3)导热系统进行检修或更换了导热管之后，重新启动熬油系统之前，应将导热管清除干净，可以用“蒸发”法清除导热管内可能存在的水分或水汽；从管中清出的残油不得再回收利用。

(4)熬油系统在工作时，禁止行人从溢流槽、导油管、通风管旁行走通过，防止高温油液或蒸气溢出伤及行人。

(5)应经常检查熬油池内的沥青温度和导热管内导热油的温度,沥青的工作温度不大于180℃,导热油的温度一般不超过250℃,导热油与热沥青的温度差不应大于80℃,导热管进出口导热油的温度差不应大于50℃。

(6)沥青桶在熬油池区域内搬运移动时,应注意不得碰撞到熬油系统的各种管路,尤其不得碰到导热管。

(7)熬油系统停止作业时,应在停机之前,锅炉停止供热,让不断冷却的导热油至少在导热管内空运行2h以上,逐步让整个熬油系统冷却,待导热油冷却至100℃以下时再停机。

(8)供热锅炉在工作时,应遵守锅炉高压容器的安全操作规程,锅炉检修应由有资质的专业人员完成。

(9)关机停止熬油作业,应清除锅炉内的全部余火,清洁整理好全部熬油现场,做好当班工作记录后下班。

(10)熬油作业区应建立严格的防火制度,落实严格的防火措施。

二、沥青路面摊铺现场安全技术交底内容

(1)沥青摊铺机上路作业之前,应全面检查整个机械系统各部的正常状况。

(2)沥青摊铺机的操作室应视野开阔,工作时禁止非操作人员进入操作室内,操作人员不得在摊铺机行进时离开操作岗位。

(3)运料车不得向正在行进中的摊铺机卸料。

(4)熨平板在进行预热时应控制好热量,防止预热温度过高。

(5)摊铺机在进行摊铺过程中,应做到匀速、平衡,不得急转弯,不得发生熨平板碰到路缘石的现象。

(6)摊铺机不得在行进时强行换挡,应在完全停稳后才能换挡,摊铺机不得在下坡道上脱挡滑行。

(7)摊铺机进行路面摊铺时,参与辅助施工的作业工人应加强劳动保护,防止沥青混合料烫伤。

第三节 水泥稳定土、水泥混凝土路面施工安全技术交底

一、水泥稳定类路面基层厂拌施工安全技术交底内容

1.水泥稳定土拌和厂一般安全要求

(1)水泥稳定土拌和厂应该建立在坚固、平衡、宽敞、无水的地坪上,全部场地必须硬化;料斗、料塔、控制操作室必须设置混凝土基础,料塔必须垂直竖立,倾斜不得大于0.1%。

(2)料塔必须设置避雷装置,避雷装置的埋地深度和接地电阻均应符合避雷要求,并且接地件不得使用螺纹钢筋,只通用铁条、铝条或铜条。

(3)水泥稳定土拌和厂设备是综合性专业设备,技术性强,核心操作人员必须经过专业培训,应充分了解设备性能,熟练掌握设备操作程序,懂得设备的构造,知道设备的保养,经过考试合格取得合格证的人员才能上机操作。

(4)水泥稳定土拌和设备调试和检修,必须使设备完全处于停机状态,严禁运转中检修,检修结束重新开机启动之前,应告知设备其他部位所有在机作业人员。

(5)设备的检修和保养方法的间隔周期,按厂家的说明书规定进行。

(6)设备运行按机载额定指标进行,禁止超量、超速、超时、超温运行。

(7)设备的电机电器应由专业电工安装、调试和检修;接电线路应采用三相五线制接线法。

(8)设备的安全装置必须是和设备相匹配的配套装置,不允许用非正规厂家生产的不配套装置替代。

(9)水泥稳定土拌和厂拌和设备在启动前,应检查各仪表指示系统是否处于正常状态,各传动系统

是否处于正常润滑状态。

(10)水泥稳定土拌和设备在正式启动运转之前最先启动进行试运转,用试运转检查设备是否处于正常完好状态。

(11)建立拌和厂设备安全档案,将设备的机械性能指标记录、运行记录、维修保养记录、事故记录详细记入档案中。

(12)进入拌和厂必须佩戴安全帽,身着工作服,不准敞胸露背、不准穿拖鞋进入拌和厂内,不准酒后上机操作。

(13)加强门卫管理,不准闲杂人等随便进入拌和厂。

2.水泥稳定土拌和厂启动工作前的安全检查

(1)水泥稳定土拌和厂启动前应检查拌和系统各部分的连接件、锚固螺栓、管道阀门、线路是否都处于正常完好状态。

(2)检查各转动件的润滑是否充分到位。

(3)检查各部通电线路和电器、电机是否完好正常。

(4)检查供水、供料是否充足,是否比例适当。

(5)检查皮带运输机系统环是否有卡位现象。

3.水泥稳定土拌和厂运行工作中的安全要求

(1)启动拌和机以后要密切注意各仪表是否指示正常。

(2)各行走系统、皮带机运输系统的运行是否有跑偏,运料是否有洒落。

(3)搅拌机轮叶,侧壁上的振动装置工作是否正常,有否发出异常响声。

(4)供水、供料是否正常,计量指示仪表显示是否符合标准。

(5)电动滚筒的运转,清扫器的工作状态是否正确。

(6)螺旋杆运送器的转动、运送集料是否正常。

(7)拌和机在运行过程中应有专人对拌和系统的工作状态进行巡视,发现问题应及时停车,采取措施。

(8)拌和机每次工作结束后,都应进行清理、打扫,将剩余在斗内的材料卸除干净,做好当班工作记录和与下一工作班交接记录。

4.水泥稳定土拌和厂停机后的安全检查

(1)按正规操作程序停机,拔下电源,经仔细查看确认没有疏忽后关窗锁门,人员离开。

(2)全面检查整个拌和机系统,更换磨损件,拧紧松动件,清除污染物,将所有转动件充分打油润滑。

(3)长时间停机不用时,应将拌和机系统彻底清理打扫,将所有容易受到灰尘污染的部件进行覆盖遮挡。按正常使用一样进行定期保修保养。

二、水泥混凝土路面厂拌施工安全技术交底内容

1.水泥混凝土拌和厂一般安全要求

(1)水泥混凝土拌和厂应该建立在坚固、平衡、宽敞、无水的地坪上,全部场地必须硬化;料斗、料塔、控制操作室必须设置混凝土基础,料塔必须垂直竖立,倾斜度不得大于0.1%。

(2)料塔必须设置避雷装置,避雷装置的埋地深度和接地电阻均应符合避雷要求,并且接地件不得使用螺纹钢筋,只能用铁条、铝条或铜条。

(3)水泥混凝土拌和厂设备是综合性专业设备,技术性强,核心操作人员必须经过专业培训,应充分了解设备性能,熟练掌握设备操作程序,懂得设备的构造,知道设备的保养,经过考试合格取得合格证的人员才能上机操作。

(4)水泥混凝土拌和设备调试和检修,必须使设备完全处于停机状态,严禁运转中检修,检修结束重

新开机启动之前，应告知设备其他部位所有在机作业人员。

(5)设备的检修和保养方法的间隔周期，按厂家的说明书规定进行。

(6)设备运行按机载额定指标进行，禁止超量、超速、超时、超温运行。

(7)设备的电机电器应由专业电工安装、调试和检修；接电线路应采用三相五线制接线法。

(8)设备的安全装置必须是和设备相匹配的配套装置，不允许用非正规厂家生产的不配套装置替代。

(9)拌和厂的操作控制室、生产作业区、贮料区合理摆布，安全标示明显，消防设施齐全。

(10)建立拌和厂设备安全档案，将设备的机械性能指标记录、运行记录、维修保养记录、事故记录详细记入档案中。

(11)进入拌和厂必须佩戴安全帽，身着工作服，不准敞胸露背、不准穿拖鞋进入拌和站内，不准酒后上机操作。

(12)加强门卫管理，不准闲杂人等随便进入拌和厂。

2.水泥混凝土拌和厂启动工作前的安全检查

(1)启动前应先检查拌和系统各部的连接件、传输件、限位件、制动件是否处于正常工作状态。

(2)各电机、电器的接线和保险是否规范。

(3)各提升设备的钢丝绳、挂钩、法兰完整配套。

(4)材料进出阀门是否活动自如。

(5)检查各仪器仪表的指示系统是否处于正常状态，各传动系统是否处于正常润滑状态。

(6)液压系统、风动管路系统是否漏油或漏气。

(7)启动前应信号联络通知各部。

(8)水泥混凝土拌和设备在正式启动运转之前应先启动进行试运转，用试运转检查设备是否处于正常完好状态。

3.水泥混凝土拌和厂运行工作中的安全要求

(1)拌和设备在运转过程中应由专人操作，应有专人巡视。

(2)无关人员禁止进入正在生产的厂区。

(3)拌和机系统在运行过程中严禁打开各种护盖、护罩或其他安全装置，禁止将其他物体伸进搅拌机内。

(4)禁止从正在运转的机械下行走通过。

(5)控制室应严密注视各种仪器、仪表的指标情况，发现异常应立即查清原因并采取措施。

4.混凝土拌和厂停机维修保养安全要求

(1)停机前搅拌设备适当空转，清除斗内的残存余料，清除各种运料路线上的洒落余料。

(2)做好当天施工记录，关窗、断电、锁门。

(3)停机检修时应切断电源，挂机上“正在检修，禁止合闸”的警示牌子。

(4)清除料斗底部的杂物时，将料斗提升到一定高度，在提升钢丝绳子上插入卡销，确保料斗任何时候都是不会意外滑落。

(5)进入搅拌仓内检修时，必须是两人以上共同时行，一人在里，一人在外，一旦进入仓内人员发生意外以便及时施救。

(6)进入各种小口容器或斗内检修时，应加强内部的通风。

第四节　桥梁工程安全技术交底

一、扩大基坑开挖施工安全技术交底内容

(1)所有操作人员应严格执行有关操作规程和必须的劳动保护。

(2)基坑周围应有安全标志和围护设施。

(3)放坡开挖时,应经常注意开挖基坑周围地面变化情况,如发现裂缝或坍陷,应及时加以分析和处理。

(4)小放坡开挖或无放坡开挖时,应按设计进行边坡支撑或支挡,并经常观察支撑、支挡的变形情况,遇有异常应迅速撤离人员、机械,并立即报告。

(5)在开挖时,必须设有切实可行的排水措施,以免基坑积水,影响基坑土壤结构,防止因长期渗漏而使土体破坏,造成挡土结构受损。

(6)防止施工机械碰损支撑。

(7)不允许人员在支撑上行走。

(8)应充分保证夜晚施工照明。

(9)防止施工过程中人员、机械触及电线引起触电危险。

(10)开挖出的土方,不得堆于坡顶,以免开挖边坡地面堆载引起边坡垮塌。

二、人工挖孔灌注桩施工安全技术交底内容

(1)深度大于20m、桩径小于80cm的桩孔,不得采用人工开挖,人工挖孔的深度必须按照《公路工程施工安全技术规程》(JTJ 076—95)的规定严格掌握。

(2)人工挖孔灌注桩,宜在无水或少水、密实土层或岩层地质时采用,挖孔较深或有渗水时,应采取孔壁支护及排水、降水等措施,以防坍塌。

(3)挖孔停止作业时,应将孔口牢固封盖,并设置明显的安全标志、警戒线或警示灯等。

(4)严禁夜间人工挖孔作业。

(5)挖孔作业人员应严格执行有关操作规程和必须的自身劳动保护。

(6)人工挖孔桩的孔口周围一定范围内的地面应进行硬化,孔口应高出地面10～20cm,并应将周围清理干净,不应有浮土或零碎石块。

(7)上下孔底作业应设置常备固定爬梯,不得使用绳索软梯,严禁借用吊装机具上下孔底。

(8)下到孔底作业人员应身系一根救生绳,并将绳子头拴在孔口,一旦孔底作业人员发生意外无法自救时,孔口人员可以将其拉起。

(9)孔内挖土人员的头顶部应设置钢制护盖(俗称半月板)。取土吊斗升降时,挖土人员应躲在半月板下面作业。

(10)挖孔达一定深度(10m)以后应经常向孔内通风。当使用风镐凿岩时,应加大送风量,吹排凿岩产生的石粉。每天上班前应用活物检查孔内是否有有毒气体。

(11)长时间停工不挖的孔,重新开挖之前,应先向孔内通风以后再下人作业。保证孔内二氧化碳含量不超过0.3%。

(12)孔内照明内能使用低压安全灯,一般电压不能大于36V,孔内有水或潮湿时不能大于16V。

(13)桩孔口机械操作人员不准离开岗位,口袋内不得放置物品(如钥匙、钢笔、怀表、打火机、小型工具、玩物等),以防坠入桩孔中。

(14)桩孔下作业人员必须戴好安全帽,穿好绝缘胶鞋。桩孔口与下部作业人员应有可靠的联络设施。如桩孔口管理混乱,桩孔内应立即停止作业回到地面上。地面孔口作业人员需待井下作业人员上来后,方可离岗。

(15)挖孔桩内岩石需要爆破时,应采取浅眼爆破法,严格控制炸药用量,并按照国家现行的《爆破安全规程》(GB 6722—2003)中的有关规定执行。爆破后间歇时间不得小于15min。经检查确认桩孔壁无松动石块、土块,护壁完好后,方可下桩孔作业。

(16)桩孔下爆破后,必须向桩孔内送风或桩孔内均匀喷水,使炮烟全部排除或凝聚沉落后,才能下桩孔内作业。当桩孔内土层中含有害气体及有机物质较多时,除加强通风外,还应对有害气体加强监测。

(17)在任何情况下,严禁提升设备超载运行。

(18)上、下班前对提升架及轨道应进行检查,工作时发现异常情况,应立即停止工作,找出原因,认真检修,不准带病运转。

(19)进入桩孔内的所有电器及用电设备均应接零搭铁,电线必须绝缘;拉动电线时,禁止与一切硬物产生摩擦;电器开关应集中在桩孔口,并应装置漏电保护器,防止漏电触电事故;一旦发现漏电,必须迅速拉闸断电。值班电工必须对所有电器设备及线路加强检查维修,及时发现问题,妥善处理。

(20)由桩孔中排出的土渣,应及时运走,不得堆在孔口周围。如需临时堆放,应距孔口 5m 以外,且不得堆积过多,以防塌孔。

三、钻孔灌注桩施工安全技术交底内容

(1)现场人员必须做好自身劳动安全保护,必须佩戴安全帽等。

(2)钻孔施工场地、桩位周围的障碍物都应清理干净,达到“三通一平”。

(3)桩机就位后,应对钻机及配置设备进行全面检查,钻机安设必须平稳、牢固,钻架应加设斜撑或风缆,将钻机固定好。

(4)选用的钻锥、卷扬机和钢丝绳,应配置适当。钢丝绳与钻锥用绳卡锁时,卡锁应在两个以上。钻锤在冲击工程中,钢丝绳松弛度应掌握适宜。

(5)循环钻机及潜水钻机使用的电缆要定期检查,接头必须绑扎牢固,确保不透水、不漏电,电缆、电线应架空搭设,挪移钻机时,不得挤压电缆线及风水管路。

(6)在完成一根钻孔桩时,要检查一次电机的封闭状况。钻机速度应根据地质变化加以调整。

(7)在冲击中,当钻头提到接近护筒底缘时,应减速平稳提升,不得碰撞护筒和钩挂护筒底缘。钻机停钻,必须将钻头提出孔外,置于地面上,不得滞留孔内,也不得悬吊在空中。

(8)对于已埋设护筒未开钻或已开钻的孔位,停钻时应加设护筒顶盖或铺设安全网罩。

(9)钻孔使用的泥浆,宜设置泥浆循环净化系统,并注意防止或减少环境污染,泥浆池四周应进行围护。

(10)吊装钢筋笼、安装导管时,孔口必须设有一定安全防护,保证人员安全。

(11)配电箱以及其他供电设备不得置于水中或者泥浆中,电线接头要牢固,并且要绝缘,输电线路必须有漏电开关。

(12)挖掘机及吊车工作时,必须有专人指挥,并且在其工作范围内不得站人。

(13)钢筋笼加工过程中,不得出现随意抛掷钢筋现象,制作完成的节段钢筋笼在滚动前,检查滚动方向上是否有人,防止人员被砸伤。氧气瓶与乙炔瓶在室外的安全距离为 5m。

(14)钻孔过程中,非相关人员距离钻机不得太近,防止机械伤人。

(15)钢筋笼安装过程中,非相关人员距离钻机不得太近,防止机械伤人。

(16)导管对接必须注意手的位置,防止手被导管夹伤。

(17)混凝土浇筑过程中,混凝土搅拌运输车倒车时,指挥员必须站在驾驶员能够看到的固定位置,防止指挥员在走动过程中栽倒而发生机械伤人事故。轮胎下必须垫有枕木。倒车过程中,车后不得有人。同时,吊车提升拆除导管过程中,各现场人员必须注意吊钩位置,以免将头砸伤。

四、模板安装安全技术交底内容

(1)进入施工现场的操作人员必须戴好安全帽,扣好帽带。严禁操作人员穿硬底鞋及有跟鞋作业。

(2)高处和临边作业应设护栏、安全网。如无可靠防护措施,必须佩戴安全带,扣好带扣,安全带应挂在作业人员上方的牢固处。模板的安装与拆除,事先应有切实的安全措施。

(3)立模前应先检查使用的工具是否牢固,扳手等工具必须用绳链系挂在身上,钉子必须放在工具袋内,以免掉落伤人。检查脚手架、脚手平台、栏杆、梯子等是否符合规定,确认符合后方可作业。

(4)立模时,吊具应拴挂妥当、牢靠。在模板上拴有人工牵引绳,防止模板摆动过大,撞物、伤人。

(5)安装模板时,操作人员应有可靠的落脚点,并应站在安全地点进行操作,避免上下在同一垂直面工作。操作人员要主动避让吊物,增强自我保护和相互保护的安全意识。

(6)支模应按规定的作业程序进行,模板未固定前不得进行下一道工序。禁止利用拉杆、支撑攀登上下。

(7)模板吊起对位时,应由信号员指挥,每竖立一块模板就位时,应支撑牢固,方可摘钩,防止模板倾倒伤害人员。

(8)模板支撑不得使用腐朽、扭裂、劈裂的材料,顶撑要垂直,底端平整坚实,并加垫木。木楔要钉牢,用横顺拉杆和剪刀撑拉牢。

(9)采用桁架支模应严格检查,发现严重变形、螺栓松动等应及时修复,消除安全隐患。

(10)整节模板合拢后,应先打好内撑,装好外模顶端两道箍筋,以便保持模板的整体性,否则中途不得停止作业。

(11)使用电钻钻孔或穿拉杆螺栓时,应通知对方避开钻头和螺栓孔的位置,防止钻头和螺栓伤害人员。

(12)支设独立梁模时,应设置临时操作平台,不得站在柱模上操作或在梁底模上行走。支设4m以上的立柱模板,四周必须顶牢,操作时要搭设工作平台。

(13)高空作业要搭设支架或操作台,上、下要使用固定的梯子。

(14)遇六级以上的大风时,应暂停高空作业。雪雷雨后应先清扫施工现场,待地面略干不滑时再恢复工作。

五、模板拆除安全技术交底内容

(1)模板支撑拆除前,混凝土强度必须达到设计要求,并经申报批准后,才能进行。

(2)在混凝土强度能保证其表面及棱角不因拆除模板而受损坏后,方可拆除侧模。

(3)在同一部位同条件养护的混凝土试块强度达到要求时,方可拆除底模。

(4)模板拆除前,应先将被拆模板的吊具拴牢。拆模人员应拴挂安全带,站立的位置应安全可靠。

(5)拆模时必须设置警戒区域,并派人监护。高空拆模时,应有专人指挥。地面应标出警戒区,用绳子和红白旗加以围栏,暂停人员过往。

(6)拆模时,临时支架必须牢固,不得用拆下的模板作脚手板。

(7)脚手板搁置必须牢固平整,不得有悬空探头板,以防踏空坠落。

(8)模板拆除时,应一次性将所有模板拆除干净,不得留有一些已经松动的悬挂在空中。拆下的模板及时清理,运送到指定的地点集中堆放整齐,防止钉子扎脚,钉尖外露的应拔除或打弯锤平。

(9)模板拆除工作应按照一定顺序分段进行,严禁猛撬、硬撬或大面积撬落和拉倒,下放模板时,缓慢落下,高处拆下的模板及支撑,不得乱抛乱扔。

(10)拆模下方的作业人员,应离开上方模板拆除位置有一定的水平距离,防止物体坠落伤害人员。

(11)预制构件模板拆除时的混凝土强度,应符合设计要求。当设计无具体要求时,应符合下列规定:

①侧模在混凝土强度能保证构件不变形、棱角完整时,方可拆除。

②芯模或内模在混凝土强度能保证构件和孔洞表面不发生坍陷和裂缝后,方可拆除。

③底模在混凝土强度符合设计的混凝土强度标准值的80%的要求后,方可拆除。

六、满堂支架搭设安全技术交底内容

(1)满堂支架搭设应严格按施工组织设计要求搭设。

(2)满堂支架不得采用钢、竹混设;禁止使用有严重锈蚀、弯曲变形或有裂纹的钢管和脆裂、变形、滑丝的扣件。

(3)满堂支撑四边和中间支架立杆必须设置水平拉杆与纵向剪刀撑。脚手架上人斜道应有独立的支撑系统，转角平台应不小于3m^2，斜道坡度不得大于1∶3，防滑条的间距不得大于30cm。

(4)满堂支架应设登高设施，以保证操作人员上下安全。

(5)满堂支架的底脚应垂直稳放在混凝土硬化地基本上，并设纵、横向扫地杆，必要时还应设置外伸斜撑。

(6)支架两端、转角处以及内、外剪刀撑必须同步到位，搭接点构造和数量符合要求。

(7)落地式和悬挑式支架必须分隔，各自呈独立受力系统。悬挑架立杆与悬挑型钢必须定位固定。

(8)满堂式支架应经过严格的设计计算。搭设时应按设计执行。没有设计时可以参考以下数据：用ϕ48×3.5mm或用ϕ51×3.5mm钢管做立杆，等距离设置，支架跨度25m以下时，纵、横间距不得大于1.2m；25m以上不得大于1.0m。

(9)满堂支架主要杆件的搭接点必须错开，剪刀撑必须采用搭接，搭接长度不得小于1m。

(10)满堂式支架搭设完成后应进行等压荷载预压或1.1～1.2倍设计荷载预压。

七、钢管支架、脚手架搭设安全技术交底内容

(1)分部分项工程负责人应按施工组织设计中有关支架的要求，向架设和使用人员进行技术交底。

(2)施工前按规范要求对钢管、扣件、脚手板等进行检查验收，不合格产品不得使用。

(3)经检验合格的构配件应按品种、规格分类，堆放整齐、平稳，堆放场地不得有积水。

(4)应清除搭设场地杂物，平整搭设场地，并使排水畅通。

(5)当支架基础下有设备基础、管沟时，在支架使用过程中不应开挖，否则，必须采取加固措施。

(6)支架底座面高程宜高于自然地坪50mm。

(7)支架基础经验收合格后，应按施工组织设计的要求放线定位。

(8)支架必须配合施工进度搭设。

(9)每搭完一步支架后，应按设计和规范校正步距、纵距、横距及立杆的垂直度。

(10)底座安放应符合下列规定：底座、垫板均应准确地放在定位线上；垫板宜采用长度不少于2跨、厚度不小于50mm的木垫板，也可采用槽钢。

(11)立杆所用钢管严禁将外径48mm与51mm的钢管混合使用，相邻立杆的对接扣件不得在同一高度内，错开1.0m以上。

(12)纵向水平杆搭设应符合规范要求的构造规定或设计规定，在封闭型支架的同一步中，纵向水平杆应四周交圈闭合成环，并用直角扣件与内外角部立杆固定连成整体。

(13)横向水平杆搭设应符合规范要求的构造规定或设计规定，并做到双排支架的横向水平杆靠墙一端至墙面的距离不宜大于100mm。单排支架的横向水平杆不应设置在下列部位：设计上不允许留脚手眼的部位；过梁上部与过梁两端成60°的三角形范围内及过梁净跨度1/2的高度范围内；梁或梁垫下及其两侧各500mm的范围内。

(14)剪刀撑、横向斜撑搭设应随立杆、纵向和横向水平杆等同步搭设，各底层斜杆下端均必须支承在垫块或垫板上。

(15)扣件安装应符合下列规定：

①扣件规格必须与钢管外径(ϕ48mm或ϕ51mm)相同。

②螺栓拧紧扭力矩不应小于40N·m且不应大于65N·m。

③在主节点处固定横向水平杆、纵向水平杆、剪刀撑、横向斜撑等用的直角扣件、旋转扣件的中心点的相互距离不应大于150mm。

④对接扣件开口应朝上或朝内。

⑤各杆件端头伸出扣件盖板边缘的长度不应小于100mm。

(16)脚手板的铺设应符合下列规定：脚手板应铺满、铺稳；采用对接或搭接时，板与板、板与支架之

间应进行固定;脚手板探头应用直径 3.2mm 的镀锌钢丝固定在支承杆件上。

八、扣件式钢管支架拆除安全技术交底内容

(1)拆除支架前应全面检查支架的扣件连接、支撑体系等是否符合构造要求,支架是否处于安全状态。

(2)根据检查结果补充完善施工组织设计关于支架拆除的顺序和措施,经监理、安全主管部门批准后实施拆除。

(3)应由分部分项工程负责人向拆除具体操作人员详细说明拆除顺序和注意事项。

(4)清除支架上所有杂物及地面障碍物。

(5)实施拆除时,拆除作业必须由上而下逐层进行,严禁上下同时作业。

(6)分段拆除时,相邻两段间高差不应大于两步,如高差大于两步,应增设连接加固措施。

(7)当支架拆至下部最后一根长立杆的高度(约 6.5m)时,应先在适当位置搭设临时抛撑加固后,再拆除连接件。

(8)当支架采取分段、分立面拆除时,对不拆除的支架两端,应先按规范的规定设置连接件和横向斜撑加固。

(9)支架拆除中各构配件严禁随意抛掷至地面,应轻吊轻放,运至地面的构配件应按规范规定及时检查、整修与保养,并按品种、规格随时码堆存放。

九、高处作业安全技术交底内容

(1)高处作业的含义和级别划分应符合国家现行标准《高处作业分级》(GB/T 3608—2008)的规定。

(2)高处作业必须设有可靠的安全防护措施。上下必须设置人行斜道、爬梯或升降电梯,通行要设置通道,并一律加设护身栏。护身栏应为双杠,高度不得低于 1.2m。落差超过 2.5m 的临边、孔口等应安设护栏或安全网。

(3)从事高处作业人员要定期或随时体检,有不宜登高的病症的人员,不得从事高处作业。发现因各种原因导致思想压力过大或情绪不稳定者,应及时暂停其从事高处作业或工作。

(4)严禁酒后登高作业,严禁在大风、雨雪等恶劣天气下从事高处作业。

(5)高处作业人员不得穿拖鞋或硬底鞋,要穿防滑鞋,所需的材料要事先准备齐全,工具应放在工具袋内。

(6)高处作业所用的梯子不得缺档和垫高,同一架梯子不得两人同时上下,在通道处(或平台)使用梯子应设置围栏。

(7)高处作业与地面联系,应有专人负责,或配有通信设备。

(8)运送人员和物件的各种升降电梯、吊笼,应有可靠的安全装置,严禁人员乘坐吊装、运送物件的设备上下。

(9)在开放型结构上施工,如高处搭设脚手架,无防护边缘上作业,在受限制的高处、不稳定的高处、没有立足点或没有牢靠立足点的地方作业,必须系挂安全带(绳)等可靠的个人防护装置。

十、悬空作业安全技术交底内容

(1)悬空作业必须戴好安全帽,扣好帽带,并正确使用个人劳动防护用具。

(2)悬空作业系挂安全绳的支承点必须牢固可靠,应将安全绳牢固的系在支承点上,经仔细检查确认不会滑脱。

(3)悬空作业应有牢靠的立足处,并必须视具体情况配置防护安全网、安全栏杆或其他安全设施。

(4)高空作业所用的索具、脚手板、平台等设备,均需经过安全检查确认安全可靠后方可进行作业。

(5)悬空下方设置的安全网必须经过坠落冲击试验，证明网材质量符合要求，并保证网完好无损、张挂牢固可靠。

(6)悬空作业者应定期进行身体检查，证明没有恐高症或其他不适于高空作业的疾病。

(7)悬空作业人员不得穿拖鞋或硬底鞋，要穿防滑鞋，所需的材料要事先准备齐全，工具应放在工具袋内。

(8)悬空作业应设置固定、安全、便利的上下通道。

(9)恶劣雷雨天气禁止悬空作业，酒后禁止悬空作业。

十一、钢筋笼制作安全技术交底内容

(1)钢筋笼制作必须有一定范围的场地，不同规格钢筋应分开堆放，制成的钢筋笼也应分别堆放。

(2)钢筋切割机在启动前应对电源闸刀开关、砂轮片的松紧度、防护罩或安全挡板进行详细检查，操作台必须稳固。夜间作业应有足够的照明，待确认安全后，才允许启动。

(3)机械运转正常后，方准断料。断料时，紧靠切割机的一头必须用夹具夹紧，然后手握切割机加力手把缓慢地向下加力，不能初割时突然加力，以免损坏切割砂轮片和砂轮片飞出伤人。

(4)切割250mm左右的短钢筋时，需用夹具夹紧，不准用手直接送料；切割长钢筋时，另一头需由人扶住，操作时动作要一致，不得任意拖拉。在切割料时，操作切割机人员不能正面对准砂轮片，需站在侧边；非操作人员不得在近旁停留，以免砂轮片碎裂时飞出伤人。

(5)用弯曲机弯制钢筋圆箍时，弯曲机工作台必须牢固。工作中不得加速弯曲，应匀速进行，钢筋卡口应锁紧，防止钢筋脱离卡口弹起伤人。

(6)切割完钢筋应关闸断电，锁好箱门，露天作业的，应做好防雨淋的措施。

(7)雷雨天气，不得在现场竖立钢筋，以防雷击伤人。

(8)钢筋笼转运应多点起吊，平衡运送。

十二、钢筋场地安全技术交底内容

(1)钢筋施工场地区域应满足作业要求。

(2)机械设备的安装要牢固、稳定。

(3)使用工具和机械设备确认完好后，方可作业。

(4)作业场所的环境要保持整洁，严禁将材料乱扔乱弃。

(5)电气设备的安装应符合用电要求，对焊机四周的防火设备要完善。

(6)夜间作业点应有足够的照明，满足钢筋加工要求。

(7)钢筋调直及冷拉场地应设置防护挡板，作业时非工作人员不得进入施工现场。

(8)采用人工锤击切断钢筋时，钢筋直径不宜超过20mm，使锤人员和把扶钢筋、剪切工具人员身位要错开，并防止切断下的短头钢筋弹出伤人。

十三、基坑内钢筋绑扎作业安全技术交底内容

(1)进入施工现场，必须戴好安全帽，扣好帽带，佩戴并正确使用个人劳动保护用具。

(2)作业人员和半成品钢筋下到基坑时要有安全通道，禁止操作人员攀爬基坑壁，禁止向基坑内抛投钢筋半成品。

(3)密切注意基坑土方及围护情况，关注基坑排水状况，发现问题，应立刻上报。

(4)雷雨时，必须停止露天操作，预防雷击钢筋伤人。钢筋断料、配料、弯料等工作应在钢筋加工棚内进行，不宜在绑扎现场进行断料、弯料或配料。

(5)搬运钢筋要注意附近有无障碍物、架空电线和其他临时电气设备，防止钢筋在回转时碰撞电线或发生触电事故。

(6)多人抬运长钢筋时,负荷应均匀,起落、转停和行走要保持一致步调,防止扭腰砸脚。上下传递钢筋不得站在同一垂直线上。

(7)吊送钢筋时,吊装应符合起重吊装规定,基坑和模板内的人员应散开或离开。扒杆摆动的范围内严禁站人,以免钢筋滑落或摆动伤人。

(8)在深 2m 以上的基坑内绑扎钢筋和安装骨架时,必须搭设脚手架和工作平台,不得站在钢筋骨架上和攀登骨架上下。

十四、地上钢筋绑扎作业安全技术交底内容

(1)进入现场,必须戴好安全帽,扣好帽带,并正确使用个人劳动防护用具。

(2)操作人员必须身体健康,经过专业培训并考试,在取得有关部门颁发的操作证或特殊工种操作证后,方可独立操作。

(3)切割机使用前,须检查机械运转是否正常及有否漏电;电源线须进漏电开关,切割机的后方不准堆放易燃物品。

(4)钢筋头子应及时清理,成品堆放要整齐,工作台要稳,钢筋工作棚照明灯必须加网罩。

(5)钢筋断料、配料、弯料等工作应在地面进行,不准在高空操作。

(6)搬运钢筋时,要注意附近有无障碍物、架空电线和其他临时电气设备,防止钢筋在回转时碰撞电线或发生触电事故。

(7)起吊钢筋骨架下方禁止站人,待骨架降到距模板 1m 以下才准靠近,就位支撑好方可摘钩。

(8)起吊钢筋时,规格必须统一,不准长短参差不一,不准一点吊。

(9)起吊钢筋靠近架空高压线时,应有隔离防护设施,防止钢筋接触电线,造成人员伤亡。

(10)雷雨时,必须停止露天操作,以防雷击钢筋伤人。

十五、高处钢筋绑扎作业安全技术交底内容

(1)进入现场,必须戴好安全帽,扣好帽带,并正确使用个人劳动防护用具。

(2)操作人员必须身体健康,经过专业培训并考试合格,在取得有关部门颁发的操作证或特殊工程操作证后,方可独立操作。

(3)悬空作业处应有牢靠的立足处,并必须视具体情况配置防护网、栏杆或其他安全设施。悬空作业用的索具、脚手板、平台等设备,均需经过技术鉴定或检证方可使用。

(4)钢筋断料、配料、弯料等工作应在地面进行,不准在高空操作。

(5)搬运钢筋要注意附近有无障碍物、架空电线和其他临时电气设备,防止钢筋在回转时碰撞电线或发生触电事故。

(6)起重吊钢筋应严格执行起重吊装规定,起重臂和吊起的重物下面有人停留或行走时不准吊。

(7)钢筋、型钢、管材等细长和多根物件必须捆扎牢靠,多点起吊。单头"千斤"或捆扎不牢靠,不准吊。

(8)起吊钢筋骨架下方禁止站人,必须待骨架降到距模板 1m 以下时才准靠近,就位支撑好方可摘钩。

(9)高处绑扎作业时,不得将钢筋集中堆在模板和脚手板上,也不要把工具、钢箍、短钢筋随意放在脚手板上,以免其滑下伤人。

(10)绑扎墩(台)钢筋时,必须搭设脚手架和作业平台,并检查其是否牢靠。必须在满铺脚手板的支架或操作平台上操作。

(11)高处钢筋密集处作业时,钢筋绑扎与电焊禁止同时作业。确需作业时,应有安全防护措施。

(12)雷雨时,必须停止露天操作,以防雷击钢筋伤人。

(13)不得在绑扎好的钢筋或模板拉杆、支撑上行走或攀登。

十六、钢筋冷拉安全技术交底内容

(1)操作人员在工作中应按规定穿戴防护用品,扎紧袖口,不得围围巾或戴手套。女工应戴工作帽,长发不得外露。

(2)操作人员必须身体健康,经过专业培训并考试合格,在取得有关部门颁发的操作证或特殊工种操作证后,方可独立操作。

(3)要经常检查冷拉地锚是否稳固以及卷扬机、信号装置、钢丝绳、夹具、滑轮组等是否正常。要在冷拉操作前排除卷扬机滑移,信号、机械、夹具失灵或钢丝绳断裂等不安全因素。

(4)冷拉线两端必须装置防护设施,操作人员严禁站在两端作业,以防止因钢筋冷断或滑脱,夹具飞出伤人。

(5)根据冷拉钢筋的直径,合理选用卷扬机。卷扬钢丝绳应经封闭式导向滑轮并和被钢筋方向呈直角。卷扬机的位置必须使操作人员能见到全部冷拉场地,距离冷拉中线不少于5m。

(6)作业前,应检查冷拉设备的能力与钢筋的冷拉力是否相适应,不允许设备超载冷拉。冷拉夹具、夹齿必须完好,滑轮、拖拉小车应润滑灵活,拉钩、地锚及防护装置均应齐全牢固,确认良好后,方可作业。

(7)整个冷拉操作过程,应听从统一指令,操作人员思想集中,卷扬机驾驶员要根据规定信号开车、停车。卷扬机操作人员必须看到指挥人员发出信号,并待所有人员离开危险区后方可作业。冷拉应缓慢、均匀地进行,发现停车信号或见到有人进入危险区时,应立即停拉,并稍稍放松卷扬钢丝绳。

(8)作业后,应放松卷扬铜线绳,堆放好成品,清理场地,切断电源,锁好电闸箱。

十七、混凝土浇捣作业安全技术交底内容

(1)作业前检查作业场所的环境、安全状况、安全防护设施等,确认符合有关安全规定后,方可进行作业。

(2)检查所用的工具设备,确认完好方可使用。

(3)检查作业场所电器设备安装是否符合用电安全规定,夜间作业点是否有足够的照明和安全电压工作灯。

(4)应避开双层作业,确实无法避开时,对下层设置的安全防护设施,确认完善可行后,方可进行下层作业。

(5)作业前应了解施工方法、步骤、质量要求、劳动分工、施工安全措施、机具设备的安全使用要求等。

(6)使用振动泵应穿靴鞋,湿手不得接触开关,电源线不得有破皮漏电。

(7)用手推车运输混凝土,行走速度不宜过快,在有坡道的位置推送时严禁溜放。转弯时,速度应缓慢。小车间隔距离平道2m以上,坡道应在10m以上,不得在两车之间穿行,防止碰撞伤人和翻车。倒料时,在倒料处设置挡轮木,使车身逐步倾斜,防止速度过快,车翻伤人。

(8)用翻斗车、自卸车等汽车运输时,应由专业驾驶员驾驶。

(9)采用装载机上料时,集料向装料车内倾泻时,喂料人员不得站在料斗架与装载机之间;采用皮带运输机上料时,不得在工作的皮带上站立或跨越,也不得在皮带下停留和通过;采用爬斗上料时,喂料人员应站在离爬斗边缘外的适当位置,爬斗提升时,严禁下坑作业,以防其伤人。

(10)当搅拌机运转时,不准将工具伸入转筒内作业,严禁将头和手伸入提升的进料斗或机架之间查看情况。进入转筒内清除残存混凝土或其他作业前,应将电源切断,确认安全可靠后,方可进入。

(11)经常清除搅拌机漏斗下方残存的混凝土和砂石料,保持轨道畅通。

(12)用草帘或草袋覆盖混凝土时,构件表面的孔洞部位应有封堵措施并设明显标志,以防操作人员跌落或受伤。草帘或草袋等用完后应随时清走,堆放到指定地点,并应在堆置地点设置消防设施。

(13)在大风雪或暴风、雷雨的情况下(六级风以上),不得在露天进行高空作业;气温较低(−15℃左

右）且在高空或迎风方向连续作业时，应加强保暖，必要时休息取暖。

（14）混凝土振捣作业人员的作业场所、脚手板、栏杆等安全防护设施必须齐全可靠。下混凝土时，速度应缓慢，必须等吊斗停稳后方可下料，要避免吊斗碰撞平台上作业人员的现象。

十八、临边防护搭设施工安全技术交底内容

（1）进入现场，必须戴好安全帽，扣好帽带，并正确使用个人劳动防护用具。

（2）临边防护栏杆杆件的材料要求：钢管横杆及栏杆柱均采用 ϕ48mm×（2.75～3.5）mm 管材，以扣件或电焊固定；用其他钢材（如角钢等）作防护栏杆杆件时，应选用强度相当的规格，以电焊固定。

（3）基坑临边防护栏杆应由上、下两道横杆及栏杆柱组成，上杆离地高度为 1.0～1.2m，下杆离地高度为 0.5～0.6m。横杆长度大于 2m 时，必须加设栏杆柱。

（4）基坑四周栏杆钢管立柱间距应不大于 2.0m，打入地面深度 50～70cm，立柱钢管离边口的距离不应小于 50cm。

（5）栏杆柱的固定及其与横杆的连接，其整体构造应使防护栏的上杆任何处都能经受任何方向的 1000N 的外力，当栏杆所处位置有经常发生物件碰撞可能时，应加大横杆截面或加密立柱。

（6）防护栏杆必须自上而下用安全立网封闭，并在栏杆下边紧贴场面应设置严密坚固定的、高度不低于 18cm 的挡脚板或 40cm 的挡脚篱笆，挡脚板与挡脚篱笆上如有孔眼，其孔眼直径不得大于 25mm。

（7）当临边的外侧面临道路或道路上空时，除防护栏杆外，敞口立面必须采取满挂安全网或其他可靠措施作全封闭处理。

十九、混凝土浇筑悬空作业安全技术交底的内容

（1）进入现场，必须戴好安全帽，扣好帽带，并正确使用个人劳动防护用具。

（2）悬空作业处应有牢靠的立足处，并必须视具体情况，配置防护网、栏杆或其他安全设施。

（3）悬空作业所用的索具、脚手板、平台等设备，均需经过技术鉴定或检证方可使用。

（4）混凝土浇筑时的悬空作业，浇筑离地面高度调出 2m 以上时，应设置操作平台，不得直接站在模板或支撑件上操作。

（5）特殊情况下如无可靠的安全设施，必须系好安全带并扣好保险钩或架设安全网。

二十、"T 梁"预应力张拉作业安全技术交底内容

（1）作业场地两端外侧应设有防护杆和警示标志，无关人员严禁入内。

（2）高压油泵启动前，应将各油路调节阀松开，然后开动油泵，待空载运转正常后，再紧闭回油阀，逐渐拧开进油阀，待压力表指示值达到要求，油路无泄露，确认正常后，方可作业。

（3）作业中，操作应平稳、均匀。张拉或退楔时，千斤顶后面不得站人，以防预应力筋拉断或锚头、楔块弹出伤人。拉伸机在有压力情况下，不得随意拧动泵和千斤顶各部位的螺钉，严禁拆卸液压系统的任何零件。

（4）高压油泵不得超载作业，安全阀应按设备额定油压调整，严禁任意调整。

（5）作业应由专人负责指挥，操作时严禁摸踩及碰撞力筋。在测量力筋的伸长时，应先停止拉伸，操作人员必须站在侧面操作。

（6）张拉时，螺丝端杆、套筒螺丝及螺母必须有足够长度，夹具应有足够的夹紧能力，防止锚具、夹具不牢而滑出。

（7）千斤顶支架必须与端梁垫板接触良好，位置正直对称，严禁加垫块，以防支架不稳或受力不均而倾倒伤人。

（8）在高压油管的接头应加防护套，以防喷油伤人。

（9）已张拉完而未压浆的梁，严禁剧烈振动，以防预应力筋断裂而酿成重大事故。

二十一、“空心板”预应力张拉作业安全技术交底内容

(1)作业场地两端外侧应设有防护杆和警告标志,无关人员严禁入内。

(2)检查张拉设备工具(千斤顶、油泵、压力表、油管、顶楔器及液控顶压阀等)是否符合施工安全要求。压力表应按规定周期进行检定。

(3)张拉前,操作人员要确定联络信号,张拉端应设便捷的通信设备,张拉前,应检查混凝土强度,在达到设计强度后,方可进行张拉。

(4)张拉时,千斤顶的对面及后面严禁站人,作业人员应站在千斤顶的两侧,以防锚具及销子弹出伤人。张拉作业中,作业人员必须集中精力,将仪表看准确,使记录准确无误。螺丝端杆、套筒螺丝及螺母必须有足够长度,夹具应有足够的夹紧能力,防止锚具、夹具不牢而滑出。

(5)张拉操作中,若出现异常(如油表振动剧烈、发生漏电、电机声音异常、发生断丝滑丝等),应立即停机检查。

(6)高压油泵启动前,应将各油路调节阀松开,然后开动油泵,待空载运转正常后,再禁闭油阀,逐渐拧开进油阀,待压力指示值达到要求,油路无泄露,确认正常后,方可作业。

(7)高压油泵不得超载作业,安全阀应按设备额定油压调整,严禁任意调整。在高压油管的接头应加防护套,以防喷油伤人。

(8)作业中,操作应平稳、均匀。张拉或退楔时,千斤顶后面不得站人,以防预应力筋拉断或锚头、楔块弹出伤人。拉伸机在有压力情况下,不得随意拧开油泵或千斤顶各部位的螺钉,严禁拆卸液压系统的任何零件。

(9)作业应由专人负责指挥,操作时严禁摸踩及碰撞力筋。在测量力筋的伸长时,应先停止拉伸,操作人员必须站在侧面操作。

(10)千斤顶支架必须与端梁垫板接触良好,位置正直对称,严禁加垫块,以防支架不稳或手受力不均倾倒伤人。

(11)已张拉完而未压浆的梁,严禁剧烈振动,以防预应力筋断裂而酿成重大事故。

二十二、预应力张拉(冷拉)安全技术交底

(1)冷拉钢筋和张拉预应力筋时,周围及台座两端均应设置防护设施,作业人员应站在安全操作位置,严禁站在张拉筋的两端。周围应设警告标志,非工作人员禁止进入作业区内。

(2)钢筋冷拉和张拉前,应检查锚具、夹具等有无裂缝和断裂现象;冷拉用的钢丝绳有无断丝;卷扬机刹车是否有效,滑轮锚定是否牢靠等,均应在合格后再操作。

(3)钢筋冷拉或张拉工作,应有专人统一指挥,操作时任何人不得踩碰预应力筋,在测量钢筋伸长值时,应停止操作千斤顶或开动卷扬机。

(4)用千斤顶张拉预应力筋时,使用前应先校验千斤顶及压力表是否灵敏正确,并检查管路有无漏油现象等,检验合格后方准升压操作。

(5)千斤顶支腿必须与梁端的垫板接触良好,位置正直对称,不准多加垫块,以防倾倒伤人。

(6)后张法张拉预应力筋时,油泵应安设在与钢筋轴线成垂直方向的侧面,并离开一定距离。操作人员应站在张拉筋的两侧,以免因钢筋拉断、锚具爆裂、夹片滑脱伤人。

(7)后张法块体拼装应设置拼装架和支撑,并必须支撑牢固,以防构件倾倒。

(8)后张法预应力钢筋张拉后加焊锚固端时,焊工应站在构件两侧施焊,防止锚具断裂弹出伤人。

(9)冷拉和张拉钢筋要严格按照规定应力和伸长力进行,不得随便变更,不论拉伸或放松都应缓慢均匀,发现油泵、千斤顶、锚具有异常,应立即停止作业。

(10)在高空进行张拉作业时,应搭设操作平台。

(11)压力灌浆应有专人统一指挥,输浆管应保持畅通,阀门和连接处应紧密牢固。从事压力灌浆的

作业人员，应佩戴好劳动保护用品。

(12)电器设备必须绝缘良好，接地可靠。

第五节 隧道施工安全技术交底

一、准备阶段安全交底内容

(1)组织施工人员阅读、学习施工图纸和有关施工文件，进行图纸会审和技术交底，做好施工图纸与工程现场的核对。对施工图纸的咨询意见写成书面材料报监理转设计单位。

(2)调查隧道施工对地表和地下既有建筑物的影响；调查隧道施工场地和洞口与相邻工程有否干扰；调查废渣、废土的堆放场地和运输路线；调查隧道施工与周围农田水利、电力、电信的关系；调查隧道施工对环境保护的危害；调查隧道施工范围内有否文物，并将调查结果上报；调查施工电力、水源的来源情况。

(3)进行隧道施工的临建工程场地布置，临建房屋不得正对着洞口前方，生活用房一律不得建在施工范围以内。

(4)制订施工组织设计和施工方案，划分施工工区，选择合理施工方法。按施工需要制定施工力量，机械配置方案。

(5)组织机械、人员进场，做好岗前培训和安全教育，做到持证上岗。

(6)完成临建工程建设。根据施工需要合理布置施工车间，生活住房、发电房、空压机房、供电供水管线位置，场前道路和运输道路布置；选定弃渣场，修建运渣通道。

(7)爆破材料管理。按照当地公安部门规定，修建炸药库、雷管库，制订爆破材料管理制度和使用规定。对于其他危险品如乙炔、氧气、燃油料、放射性物品的存放、保管、使用都要制定管理制度报有关部门批准。

(8)对施工期间的“三管、两线”(风管、供排水管、逃生管、动力线、照明线)进行纸面设计，绘制成图。

(9)自办料场。当隧道开挖的石碴强度、硬度符合规范要求时，可以将石碴加工成施工用料。加工碎石的设备必须有防尘设备，符合环保要求。生产喷射混凝土碎石的设备要有冲水防尘装置。

二、洞口工程施工安全交底内容

(1)洞口段围岩自支护能力弱，处在地表段，土质松散，风化严重，围岩的自支护能力比较弱，有的甚至没有自支护能力，极容易产生滑坡、塌方。因此，在洞口段施工中最重要的是提高围岩的自支护能力。

(2)洞口外露，施工受自然因素影响强，因此要加强自然对施工安全的影响，特别是地面水对施工安全的影响。对于洞口段地质松散，风化严重，新开挖面直接暴露在大气中，这种影响不仅无法避免，而且尤为显得厉害。

(3)洞口边、仰坡面高、防护面长。隧道施工为了克服浅埋、偏压的不利影响，往往采取迟进洞、早出洞设计措施，加长了明挖段，加高、加大了挖坡面，引起洞口施工坡面高、防护面大。为防止表水渗入开挖面和冲刷开挖面，保证洞口坡体的稳定性，采取锚喷支护措施必须及时到位，洞口土石方每级开挖完成后，应随之及时进行防护。

(4)洞口施工的地质条件多为浅埋和偏压。浅埋和偏压地质条件下，加上地质松散，风化严重，极容易产生拱顶沉降、滑坡、塌方等施工危险，加强对洞口施工的测量监测，制订对各种抗风险防范预案是必不可少的。

(5)坚固稳定的洞门，是进洞进行洞内施工的前提保证。因此，必须特别重视洞口的每一步施工，保证施工质量，做好洞口防、排水，加强施工监测，每步安全措施都必须落实到位。

(6)布置观测点。在洞口施工前应布设洞顶沉降、山体稳定观测基点、在基点设置完成后，进行各种基础数据的测量，以备施工时使用。

(7)修建便道和洞口排水沟。修建洞口排水沟和洞口边、仰坡面以及明挖段开挖线顶面的截水沟，并将截水沟和洞口排水沟联成一个整体，形成完整的洞口排水系统把水患对施工安全的影响降到最低程度。

(8)洞口开挖浅孔小炮爆破、分层、分段开挖。洞口开挖如果地质条件好，石质坚硬，围岩类别高时，可以整段全断面开挖，反之则应采取分段、分层开挖；洞口开挖应采取人工打眼松动爆破，尽量减少对原地层的扰动，严禁用深眼大爆破开挖。

(9)洞口开挖坡面及时支护。洞口分层开挖后，每开挖一个台阶，应及时按设计要对边、仰坡面进行修理平整和防护，确保洞口稳定。防止雨水渗透、冲刷而造成挖坡面坍塌或滑坡。边坡和仰坡面上的浮土、松土、散石、危石、灌木、杂物都要清理干净，对坡面进行加固，坡面上有凹凸不平的突出石均应整修平顺。

(10)偏压、浅埋洞口施工要采取特殊安全措施。偏压段应在先落实支挡、反压回填等措施后再进行开挖。开挖时应结合偏压、浅埋洞口的地质、地形情况确定开挖路线，不得人为加剧偏压、浅埋程度。

(11)洞口和边、仰坡面周边应保持通畅。洞口周边场地应进行硬化，不得修建生活用房，不得堆放杂物，开挖出的土石应运走，远离洞口堆放。边、仰坡面顶上严禁修建水池或搭建其他施工设施，不得堆弃废土石。

(12)加强监测。在边坡、仰坡开挖过程中，应随时加强对洞口周边山体的监测，安排专人经常检查山坡稳定情况，看是否有开裂松动迹象。如果发现有山体滑动、开裂、沉降等异常现象时，应及时采取加固措施。

(13)洞口开挖形成边坡和仰坡面以后，在永久性洞门和永久性支护没有施工之前，开挖面可能会有较长暴露，因此必须对暴露面及时进行临时支护。支护方式应根据当场的气候特点选定。

(14)临时支护前应将坡面清理干净，除去浮土，危石和其他松散物，松散物用高压风冲、吹，危石用机械或人工清除。

(15)选用锚杆挂网喷射混凝土支护时，应先在坡面上放出锚杆位置，保证钻孔方向正确，钻孔深度和孔径大小满足要求，钻孔结束时将孔内吹洗干净。

(16)注浆饱满，挂网喷混凝土时强度、厚度满足设计规定，回弹量控制在40%以内，网杆绑扎或焊接牢固。

(17)坡面内有较多地下水渗出时，支护面应预留泄水孔。

三、明洞施工的安全交底内容

(1)明洞是通过开挖以后建成的人工隧道，它的突出特点就是露天施工，受自然因素影响较大，尤其是受雨水的侵蚀不可避免，因此防水、排水突显重要。

(2)明洞施工的地质特点与洞口施工基本一样。土质松散，风化严重，围岩的自支护能力比较弱，有的甚至没有自支护能力，极容易产生滑坡、塌方。因此，在明洞段施工中最重要的也是提高围岩的自支护能力，保证开挖及后续作业正常进行。

(3)明洞仰坡面高、长，防护面积大。边、仰坡开挖成型到明洞完成、永久防护到位间隔时间较长，为防止表水渗入开挖面和冲刷开挖面，保证此间明洞坡体的稳定性，采取锚喷支护措施必须及时到位，明洞土石方每级开挖完成后，应随之及时进行防护。

(4)明洞开挖的有关规定。应采用浅孔小炮爆破、分层、分段开挖。如果地质条件好、石质坚硬、围岩类别高时，可以整段全断面开挖，反之则应采取分段、分层开挖；开挖应采取人工打眼松动爆破，尽量减少对原地层的扰动，严禁用深眼大爆破开挖。

(5)加强开挖面支护和周边防、排水，防止雨水渗透和冲刷。

(6)加强监测。开挖过程中，应随时加强对洞口周边山体的监测，安排专人经常检查山坡稳定情况，看是否有开裂松动迹象。如果发现有山体滑动、开裂、沉降等异常现象时，应及时采取加固措施。

(7)明洞的边墙基础应设置在坚固的地基上，松土、风化石、积水；严禁超挖，偏压、单压明洞的外侧边墙基础的基坑，应在垂直于墙身的方向上，挖成向内倾斜的斜坡；或将基础与基坑进行适当锚固，增加基础的横向抗推移能力。基坑经过检测合格，则应马上进行基础施工，不得将基坑长时间暴露停置；基础施工完成后应及时将基坑回填，防止雨水渗入浸泡基底。

(8)明洞的支护、衬砌应与暗洞身的支扩、衬砌连成整体。明洞的防水施工应预留连接边缘，预留宽度应≥50cm，并应加强对预留边缘的保护，不得损坏，以便与暗洞的防水完全、紧密连接。明洞混凝土的外模拆除不宜过早，当混凝土强度达到设计强度的50%后方可拆除。

(9)明洞回填。明洞回填不宜过早。当明洞拱圈混凝土强度达到设计强度的90%、完成了防水和排水系统施工以后，方可进行回填施工。明洞回填应对称加载，两侧回填高差不得大于50cm；分层填筑，分层夯实，每层松铺厚度不得大于30cm。回填的最底层以上高1.00m的范围内，应用碎石或砂砾回填。

(10)明洞洞门施工。明洞的洞门施工和一般洞门施工一样，都应做好防水、排水，防止基坑被水浸泡，洞门端墙的浇筑和墙外的回填应同时进行回填，防止对洞门产生偏压。应及时安排洞门施工并尽快洞门外完成回填，以便尽快形成坚固的洞门，确保洞口稳定、安全。

(11)洞门施工完成后，应重新修补洞口周边防护和进一步完善排水系统，保证新施工完成的洞门建筑不受水患影响。

四、洞身开挖安全交底内容

1. 洞身开挖安全的一般规定

(1)根据安全条件确定开挖方案。确定开挖方案应考虑的因素有：洞身开挖应根据隧道的长度、断面尺寸大小、结构形式、地质条件、工期要求、机械设备、施工环境等。最大限度地利用围岩自身的支撑能力，采用有利于少超挖、少欠挖、少扰动的开挖方法。

(2)开挖方案系统设计。开挖方案设计考虑的内容有：工区分布、开挖顺序、钻爆设计、施工照明、通风排烟、供水排水、渣土运输、初支二衬、沉降观测、抢险排险等。良好的通风系统、照明系统、给排水系统、供电系统、除尘排烟系统，有效的安全逃生系统，高效的指挥调度系统是隧道快速、安全施工的必要保证条件，是一项系统工程，必须进行系统设计。

(3)隧道开挖方案要设置逃生通道。逃生通道要有明显的指示标志，每个进洞人员都懂得在事故发生后利用逃生通道自救或逃生。在施工全过程中必须保持通道畅通，任何时候都不得将逃生通道堵塞，也不能改作其他用途。

(4)充分认识洞身开挖的难度。隧道洞身开挖是隧道施工的重点工序，工作量大，施工难度大，危险性高。做好洞身开挖是隧道施工的重点，又是难点，施工必须认真对待。

(5)不同的围岩类别采用不同的开挖方法。根据不同的围岩类别和地质条件，洞身开挖的方法有多种。按照规范规定，Ⅰ、Ⅱ、Ⅲ类围岩只适用于导坑开挖法；Ⅲ、Ⅳ、Ⅴ类围岩适用于台阶开挖法；Ⅴ、Ⅵ围岩，围岩整体性好时可用全断面开挖法。

(6)遵守规范，科学决策。每种开挖法都要遵循一定程序和规定，循序渐进，科学开挖，合理施工。而且对于哪种围岩相应采取何种方法开挖，不是一成不变的，应该是根据围岩变化的具体灵活采用。

(7)隧道开挖应采取新奥法施工。新奥法的精髓就是用喷射混凝土将开挖面快速封闭成环。新奥法在国外称为拉布西维兹法，是由奥地利学者拉布西维兹(L. V. Rabcewize)在20世纪50年代首先提出并取得专利。新奥法要求在隧道成洞施工全过程中，坚持“小爆破、轻扰动、短进尺、紧支护、快封闭(成环)、强衬砌、勤监测”的施工原则。开挖后仰拱和边顶拱及时封闭成环。循序渐进，安全施工。

2. 中隔壁法(CD法)施工安全要求

(1)中隔壁开挖法(CD法)或交叉中隔壁开挖法(CRD法)又称为导坑法，有的书上又称为导洞法。

中隔壁开挖法(CD法)或交叉中隔壁开挖法(CRD法)适用于地质条件较差,如Ⅰ、Ⅱ类围岩的隧道开挖或土质围岩隧道开挖;有时对于Ⅲ类、甚至Ⅳ类围岩的大跨度断面隧道,也可以采用CD法和CRD法开挖。

(2)CD法开挖方法的安全要点是:先部分开挖隧道的一侧,支护并施作中隔壁,然后再部分开挖另一侧并支护。一侧开挖时应按台阶法将半侧断面分区开挖。以6分区为例,开挖顺序可以是:先左上区开挖,施作左上初支和中隔壁;次左中区开挖,施作左中初支和中隔壁;再次左下区开挖,施作左下区初支和中隔壁。然后右上区开挖,施作右上区初支;次右中区开挖,施作右中初支和中隔壁;后右下区开挖,施作右下区初支。如图8-1所示。

(3)施工技术安全要求

①上部导坑的开挖循环进尺控制为1榀钢架间距(0.75～0.8m),下部导坑的开挖进尺可依据地质情况适当加大。

②中隔壁法或交叉中隔壁法施工时,初期支护完成后方可进行下一分部开挖,地质较差时,每个台阶底部均应按设计要求设置临时钢架或临时仰拱。

③各部开挖时,周边轮廓应尽量圆顺,应在先行开挖部分侧壁喷射混凝土强度达到设计要求或C10以上时,再可进行另一侧开挖。

④左右两侧导洞开挖工作面的纵向间宜控制在15m以内,不能过长。当开挖成全断面之后,应及时完成全断面初期支护。

⑤导洞开挖断面大小和纵向台阶的高度可根据开挖机械的大小而定,以保证能正常发挥机械作业为度。

⑥中隔壁拆除是隧道开挖完成后最后一道关键工序,前提条件是保证隧道稳定安全,断定可否拆除的依据是:拱顶7d的沉降量≤2.0㎜。拆除时相间交替拆除,并注意监测。

3.交叉中隔壁法(CRD法)施工安全要求

(1)开挖方法。CRD法与CD法实质上是一样的,它们的差别就在于CRD法多了一道水平横隔板。CRD法是围岩类别低、围岩地质软弱、大跨度隧道开挖常用的一种方法。它的施工程序是:将隧道断面左右分开,再将左右两半分成上、下两部分或上、中、下三部分。先部分开挖隧道的一侧,施工作初支、中隔壁和水平横隔板;再开挖隧道另一侧,施作初支、中隔壁和水平横隔板。用中隔壁和水平横隔板形成对围岩的交叉临时支撑。

(2)具体开挖和支护过程和中隔壁法基本差不太多,只是多了一道横隔板而已。同样是先进行图上作业,将隧道全断面从中间分开,分为左右两半,再将两个半边隧道断面按上、中、下分区,共分为6个区(一般情况下采用交叉中隔壁法施工的隧道,它的地质条件可能更差一些,最好分成上、中、下6个区,有条件时也可以只分为左右、上下4个分区)。

(3)开挖顺序。以6分区为例,交叉中隔壁法的开挖顺序可以先左后右,先上后下。如图8-2所示。

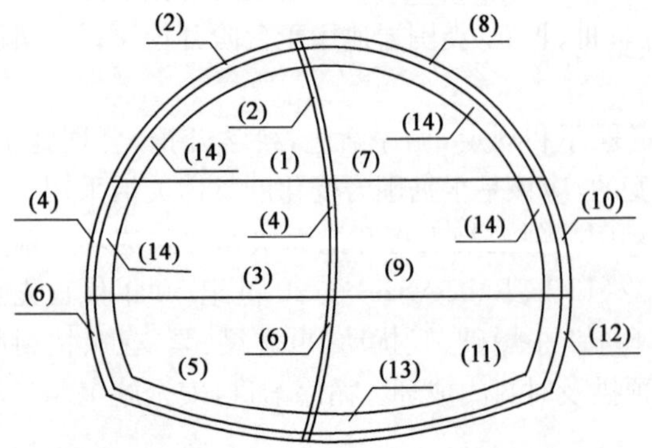

图8-1 中隔壁法(CD法)施工顺序横断面示意图
(图中括弧中数字为开挖、支护顺序编号)

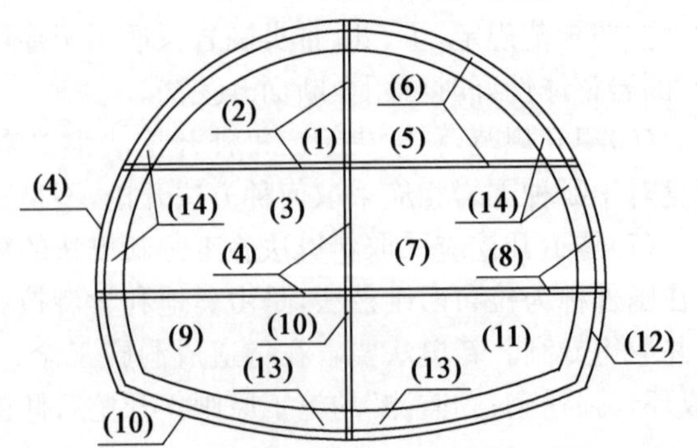

图8-2 交叉中隔壁法(CRD法)施工顺序横断面示意图
(图中括弧中数字为开挖、支护顺序编号)

①左上区开挖,施作初支和横隔板;

②右上区开挖,施作初支和横隔板;

③左中区开挖,施作初支和横隔板;

④右中区开挖,施作初支和横隔板;

⑤左下区开挖,施作初支和横隔板;

⑥右下区开挖,施作初支和横隔板。

以上施工顺序还可能根据施工方便的需要变动,为便于机械出渣,水平横隔应有一定的强度,能承受施工荷载(具体开挖支护顺序见图 8-2,图中的顺序是:左上、左中、右上、右中、左下、右下)。

(4)施工安全要求

①上、中、下各分区开挖顺序,可以采用台阶式掘进方法,上台阶进尺长度宜短,最大长度不得超过 6.0m。中台阶稍长一点,下台阶比中台阶又可以稍长一点。

②为保证施工安全,上、中部导洞开挖时进尺深度要控制在 1~2 榀钢架为宜,每榀钢架间距控制在 0.75~0.8m 为宜,下部导洞开挖进尺深度可适当加大一些,但不宜过大。

③各洞室错开开挖掘进时,要求已施工的初支、中隔壁、横隔板达到一定的强度,能保证起到支撑稳定作用,再开始后续开挖,不要急于求成。

④水平横隔板要求有一定的强度和刚度,因为当下洞开挖以后,上洞的横隔板上可能要承受一定的施工荷载。应注意施工荷载不要超出横隔板的承受能力,不能形成过大的集中荷载。必要时,当上洞有施工荷载时,可以对下横隔板加一些临时支撑。

⑤由于横隔板的存在,减小了施工开挖空间,给开挖和出渣带来一定的影响,增加了开挖和出渣的阻碍。但横隔板对施工安全有很大的作用,因此,在开挖和出渣时,要特别小心保护好横隔板不受损坏,遇有局部损坏时,应立即修复或加固。

⑥中间临时支护系统和横隔板的拆除时间,首先应考虑的时隧道的安全性,再才考虑是否方便后续施工,一次拆除的范围不宜过大。

⑦中隔壁的拆除的时间控制和要求,与 CD 法开挖一样,拆除条件同样以拱顶沉降为依据。

4.上环弧导洞预留核心土法施工安全要求

(1)开挖方法选择

上弧形导洞预留核心土法的施工方法是:先开挖上部弧形导洞并进行支护,再开挖两边侧墙部位导洞并支护,留下中间核心土部分最后开挖。核心土部分开挖后及时施作仰拱,迅速封闭成环。

(2)开挖顺序选择

①首先开挖拱部的上环弧形导洞并进行拱部去接。

②左(或右)侧墙部位用台阶法开挖并支护。

③右(或左)侧墙部位用台阶法开挖并支护。

④台阶法挖除核心土。

⑤仰拱施工,尽快封闭成环,再进行二衬施工。

上弧形导洞预留核心土法的施工方法的开挖支护顺序如图 8-3 所示。

(3)施工安全要求

①上弧形导洞开挖预留核心土法施工,导洞开挖时每一循环进尺不宜过大,控制在 2 榀钢架宽内为宜,每榀钢架宽度 0.75~0.8m,任何情况下不得超过 2.00m。

②开挖、支护循序渐进,应在较前支护混凝土强度和喷混凝土强度达到设计强度等级的 70%以后,方可向

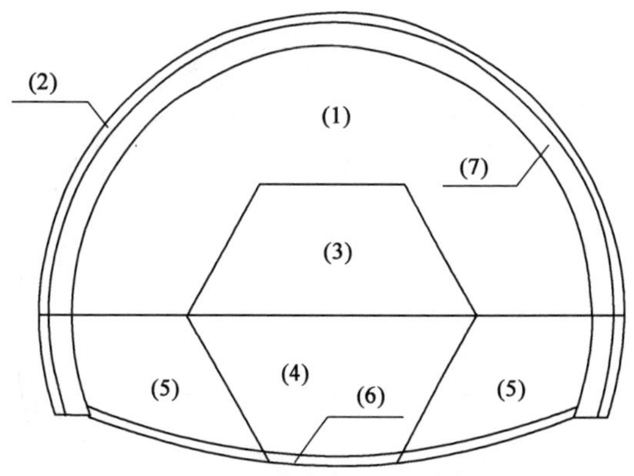

图 8-3 上弧形导洞开挖预留核心土法施工横断面示意图(图中括弧中数字为开挖、支护顺序编号)

前推进开挖，中台阶开挖应在上台阶支护完成，并在喷混凝土强度达到设计强度的70%以后进行；下台阶开挖应在中台阶支护完成，并在喷混凝土强度达到设计强度的70%以后进行。

③上弧导洞预留核心土开挖法的弦弧开挖，应将整个弦弧开挖断面分为上、中、下三个部分，包括底部分四个层次台阶式逐级向前开挖，上部比中部超前3～5m，中部比下部超前3～5m，下部比侧墙部位(底部)超前10m左右。为方便开挖，上部的开挖高度应控制在4～5m左右，中部台阶的开挖高度控制在3～4m左右，下部台阶的高度控制在3m左右。

④预留核心土的面积应不小于整个面积的50%。

⑤为避免下一级台阶施工时上一级支护下沉，可在适当位置对上一级支护加设临时支撑，如钢质托架、托梁等。托架、托梁最好与钢架连成整体，并在钢架底部用锁脚锚杆对钢架加固，相邻两托架或托梁间纵向用槽钢或工字钢焊接支撑，锁脚锚杆宜以45°俯角打入。

⑥每层台阶开挖后，应立即用喷混凝土对围岩进行支护加固，再及时设置钢架，复喷混凝土对钢架进行封闭，每榀钢架均用锁脚锚杆加固；必要时在各级台阶上加设仰拱对支护进行加强。以便顺利完成每一循环开挖。

⑦如果是土质隧道时，宜以核心土为基础，每一横排设置三根临时钢质立柱，对拱顶和左右拱腰进行支撑加固。中间立柱竖立，左右两根立柱斜立，要求立柱都以垂直方向支撑拱顶。

⑧支撑拆除和核心土开挖适当滞后，待拱顶稳定，沉降值小于设计规定值后再行开挖和拆除。

⑨核心土挖除后要及时施作仰拱，尽快封闭成环。

5.正台阶开挖法施工安全要求

(1)开挖方法选择

①首先在隧道断面图上将断面划分为上、下两部分；再按划分图纸实地放样，并按设计完成超前支护。

②正台阶开挖施工法适于围岩类别较低、但地质情况较均匀的围岩隧道的开挖施工。将隧道断面分为上、下两部分，先开挖上半部分并支护，再开挖下半部分并支护，上台阶在前，下台阶在后，交替前进。

(2)正台阶开挖法顺序

①测量放样后，首先在掌子面上完成上、下区域划分，并按钻爆设计完成炮眼布置，完成超前支护。

②上台阶开挖并支护。

③下台阶开挖并支护。

④仰拱施工，并全断面二衬。

正台阶法开挖施工法的施工顺序如图8-4所示。

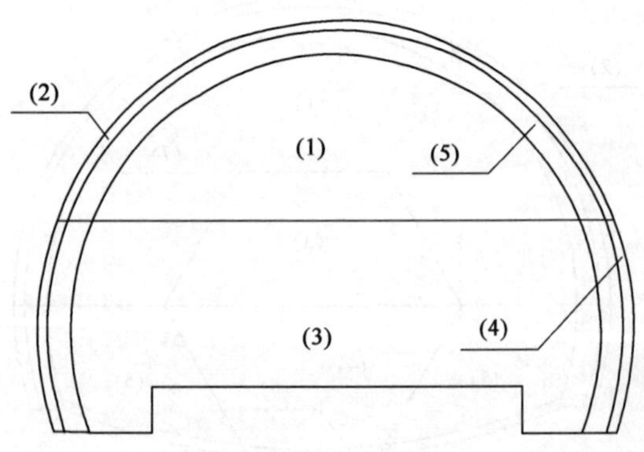

图8-4　正台阶法开挖施工法横断面示意图
(图中括弧中数字为开挖、支护顺序编号)

(3)施工安全要求

①按照炮眼设计，上断面布炮眼，钻眼、装药、爆破、出渣。分环进尺，每环长度按钢架间距控制，以能进行一榀钢架施工为宜。每榀钢架宽度控制在0.6～0.8m为宜，钢架与钢架之间的定位用卡入的U形钢筋给予固定连接，不允许用一根通长钢筋作焊接连接。

②台阶分层不宜过多，最多不超过三层。上、下两级台阶前后相差长度也不宜过长。以方便机械操作为宜，尽量减少翻渣距离和翻渣工作量。

③先超前支护，再开挖，开挖后的围岩面应尽快支护封闭。钻爆设计尽量采用弱振光面爆破技术。

④当顶部围岩比较破碎时，适当减小台阶长度，及

时紧跟支护。

⑤初支应紧随开挖面进行，围岩开挖面不能长时间外露，要及时支护，尽快形成前、后台阶。

⑥上台阶开挖后支护时，钢架应加设锁脚锚杆，并加设纵向钢质托架，将多榀钢架连成整体。

⑦下断面开挖应在上断面支护喷混凝土强度达到70%设计强度后进行。下断面支护时，钢架应与上断面支护钢架用焊接或螺栓连接、连成整体。

⑧两侧的水沟、电缆沟应和下断面同时开挖、支护、填充。仰拱支护与边顶拱支护形成闭合环。

⑨上、下断面的划分线不得低于起拱线，上台阶长度一般控制在20～30m为宜，不得超过30m。下断面的落底马口长度不得大于2榀钢架宽。顺次落底，快速完成全台阶长的落底，尽快封闭成环。

(4)正台阶法开挖安全注意事项

①上台阶开挖采用凿岩机钻眼，塑料导爆管非电起爆系统、毫秒微差有序起爆，预留光爆层爆破。

②上台阶不宜过长尽量减少翻渣工作量。

③每一环上断面开挖完成后，超前支护要及时进行，在没有完成超前支护之前，开挖不得盲目推进。

④二衬施工可稍滞后，待围岩收敛基本平衡后再进行，以减少围岩对二衬的收敛应力。

6. 双侧壁导洞开挖法施工安全要求

(1)开挖方法选择

双侧壁导洞开挖法一般都是用在围岩类别较低的土质隧道。双侧壁开挖的方法是：先开挖隧道断面两侧部位并支护，留下中间部位较大一部分土体墙柱暂时支撑住拱顶，待两侧支护完成并趋于稳定后，再分台阶开挖中间部分。中间部位土体分成上、下两个台阶开挖即可。

(2)开挖顺序选择

①左侧(或右侧)开挖并支护；

②右侧(或左侧)开挖并支护；

③中间部位分台阶开挖并支护拱顶；

④施作仰拱，尽快封闭成环；

⑤仰拱施工。

双侧边导洞开挖施工法的施工顺序如图8-5所示。

(3)施工安全要求

①因为双侧边导洞开挖都是使用在围岩类别较低的土质隧道开挖，要求开挖时尽量采用人工配合挖掘机作业，局部需要爆破施工时，应采取浅眼弱爆破施工，尽量减少对土层的扰动。

②加强开挖掌子面的超前支护，用超前小导管注浆加固土质围岩；当遇到土层发生变化时要及时调整支护参数，尤其是遇到有大量地表水渗入时，要停止开挖，研究确定渗水来源，制订切实可靠的防水、排水方案，在保证安全的前提下谨慎施工。

③除加强超前支护以外，还要特别重视对开挖面的支护，根据设计及时做好对开挖暴露面初支施工。

④开挖每环进尺不能过长，应控制在能安装一榀钢架为宜，每榀钢架宽度0.7～0.8m，即每环进尺控制在1.0m左右。

⑤后续开挖应在较前支护混凝土强度达到终凝后48h再行开挖。

⑥开挖时应严格做好监控工作，随时掌握围岩、地表、已支护结构的变形情况，以便修正调整支护参数或改变施工方法，同时应加强准确的超前地质预报，保证施工安全。

⑦认真做好洞内和洞口的排水工作，尤其是对洞内的排水，要求对洞内两侧的排水沟进行硬化抹面处理，防止洞内水流渗透到底下，浸泡初支钢架地基，引起钢架下沉、垮塌。

⑧侧边导洞开挖完成后，应及时施工初期支护；中隔墙开挖后一是要及时进行拱顶支护，二是要及时进行仰拱施工，尽早形成封闭环。

⑨两侧导洞断面形状应近似为椭圆，中间预留隔墙断面为瘦腰形，椭圆导洞的中部跨度和预留中隔

墙瘦腰宽度各为隧道跨度的1/3。

⑩左右导洞同时开挖时，两导洞开挖面距离应前后拉开在15m以上，中间预留隔墙土开挖应滞后导洞开挖面30～50m。

⑪中部开挖时，在瘦腰的中部加施一道水平横隔板，增强支护作用。

⑫双侧壁和中水平横隔板的拆除应控制好拆除时间，并加强拱顶沉降观测，与CD法的中隔壁拆除要求一样。

7.全断面开挖法

(1)开挖方法选择

全断面开挖一般只适用于受地质构造影响较轻微的Ⅴ、Ⅵ围岩隧道的施工。

全断面开挖法是隧道开挖施工最为便捷的一种方法，但往往又具有较大的风险性。

全断面开挖法在采用时要加强对隧道断面收敛、拱顶沉降、地表沉降等项目的监测，及时反馈监测数据，调整开挖、支护参数。

(2)施工顺序选择

全断面开挖法的施工顺序非常简单，即全断面开挖为全断面初支，仰拱施工，全断面二衬。

全断面开挖施工顺序如图8-6所示。

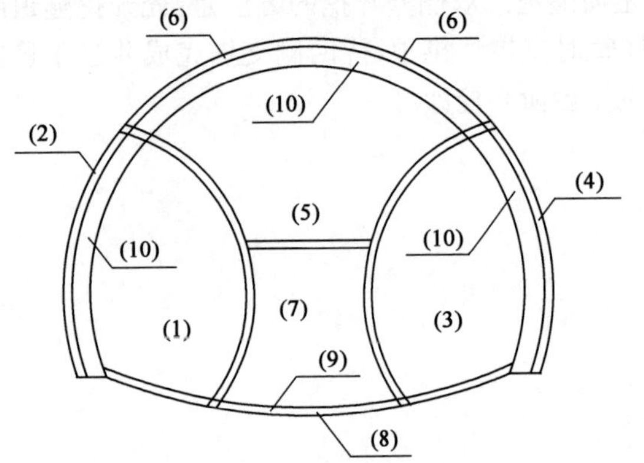

图8-5　双侧壁导坑法施工横断面示意图
（图中括弧中数字为开挖、支护顺序编号）

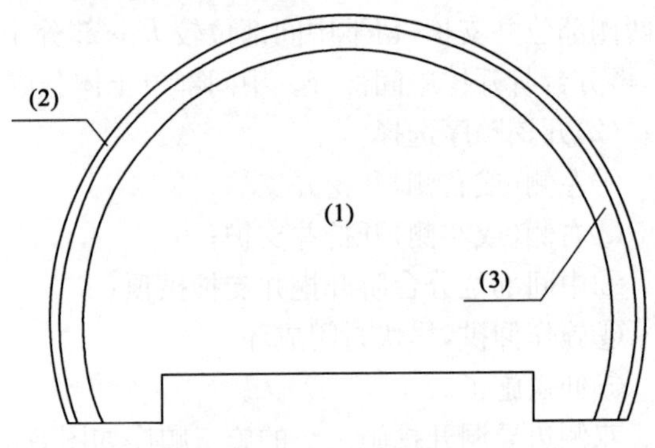

图8-6　全断面法施工横断面示意图
（图中括弧中数字为开挖、支护顺序编号）

(3)全断面开挖法安全注意事项

①全断面开挖法施工不能放松施工监测，不能麻痹大意，不要以为围岩质量好，放松对事故的警惕性。

②全断面开挖法施工的初支施工仍然要及时跟进，不能让开挖面暴露时间太长。

③全断面开挖法施工尽量采用预裂爆破，不应采用深眼大炮，爆破时不得损坏已施工的初支和二衬。

④全断面开挖法施工尽量采用光面爆破施工技术，认真进行炮眼设计，控制爆破质量，减少超挖和欠挖。

⑤全断面开挖法施工如果隧道断面有仰拱时，应将断面开挖和仰拱施工一次成型。

五、洞身爆破安全技术交底

(1)爆破作业人必须是经过有关部门专门培训后合格并发给爆破员作业证的爆破员，要在施工爆破负责人的指挥下，按操作规程实施爆破，严禁非爆破员实施爆破。

(2)爆破现场必须有醒目的警示标志，各路口要设安全警戒员，负责爆破危险区的警戒，对无安全避炮条件的应设避炮场所。

(3)装药前对炮孔及药壶进行检查清理，如出现堵塞，在未装入雷管、起爆药柱等敏感爆破器材前，可采用不产生火花的工具处理(如木、竹、铜棒)。

(4)装药必须使用木质炮棍,若发现炸药包(含雷管)没装到位,不能轻微提取时,禁止拔出或硬拉雷管脚线和导火线,按盲炮的有关规定处理。操作现场禁止烟火。

(5)如使用电雷管起爆,爆破现场严禁使用手机和通信工具,手机和通信工具必须关闭。起爆前线路必须短路,装药后每个电雷管也要短路,线路不得太迂回。

(6)打炮眼如遇到溶洞时,要做好记录,记录好溶洞位置。如溶洞在炮眼底部,装药前应使用一截直径比炮眼略大的木棍打入炮眼,以封住炮眼底部,为装药提供支承。如溶洞在炮眼侧面,则装药到溶洞处时,把药绑扎在竹片上,竹片长度应大于溶洞长度,之后继续装药。

(7)装药前,必须清除炮眼内的杂物,装炮必须使用木质炮棍装填,严禁使用铁器。封口必须用不易燃可塑性强的炮泥,严禁使用石块、瓦片、纸团等物做封口。更不准放无封口炮和糊炮。

(8)爆破员装炮、放炮,必须有安全员现场监督,并派人在警戒线上和有可进入放炮地点的所有道路上安排警戒,并发出警报信号,然后进行放炮。

(9)放炮后若出现哑炮,要当班处理完毕,如当班处理不完,爆破员必须在现场向下一级爆破员交代清楚继续处理。处理哑炮的方法必须在现场负责人的指挥下,在哑炮眼 30cm 远处打一平等炮眼,重新装药起爆,严禁用铁器砸哑炮,严禁拉哑炮脚线。哑炮处理完后,爆破员必须详细检查未爆炸的炸药和雷管。

(10)放炮后,爆破员要认真填好现场使用爆炸品消耗记录,安全员、负责人要签字盖章。如有剩余爆炸品,必须在下班前送交库房,并把现场爆破登记交回库房,保管员审核无误后签字盖章。

六、洞内运输安全交底内容

(1)各类进洞车辆必须处于完好状态,制动有效、方向灵活可靠。应用带净化装置的柴油机用动力,以汽油机作动力的车辆和机械不能进洞。

(2)施工人员进出隧道应走人行道,不能与车辆和行走机械抢道,严禁扒车、追车或强行搭车。

(3)装渣作业应注意:用漏斗装置装渣时,漏碴口下方不能有闲杂人员停留或通过;用机械装渣时,现场应能满足机械安全运转,机械回转范围内不能有人通行,装渣机上的电缆或高压胶管应有专人收放。

(4)洞内运输,应控制车速。人力车车速应≤ 5km/h;机动车车速应控制在:作业地段单车行驶车速≤ 10km/h;非作业地段单车行驶车速≤ 20km/h;会车时应≤ 10km/h。

(5)机动车在洞内运输时,严禁超车。

(6)洞内用轨道形式运输时,其轨道敷设应满足安全运行的要求。

(7)车道旁停放的机具、车辆应设置防撞示警红灯。

(8)洞外卸渣场应设反坡,渣堆外边沿 0.8m 处应设挡车木。

七、初期支护安全交底内容

(1)隧道掘进后,除围岩完整坚硬和设计规定不需支护的部位外,都必须根据围岩破碎情况、渗水大小、软硬度、密度等情况及施工方法采取有效支护。

(2)隧道掘进期间,现场施工负责人应会同有关人员对支护各部位定期进行检查,对不良地段的支护更应每班设专人随时检查,当发现支护失效、发生异常险情时,就立即将作业人员撤离现场,制订处理措施后安排少量支护工抢险加固。

(3)洞口地段和洞内纵向与横向辅助洞的连接处应加强支护或及早进行永久性衬砌。

(4)洞内支护宜“随挖随砌”。

八、通风及防尘交底内容

(1)隧道作业环境应符合安全作业标准

①粉尘允许浓度,空气中含有 10%以上游离二氧化硅的粉尘必须<$2mg/m^3$;

②空气含氧量不小于20%；

③瓦斯或二氧化碳浓度不大于0.5%；

④一氧化碳浓度不大于30mg/m³；

⑤氮氧化硫浓度<5mg/m³；

⑥二氧化硫浓度不大于15mg/m³；

⑦硫化氢浓度不大于10mg/m³；

⑧氨气浓度不大于30mg/m³；

⑨洞内气温不大于28℃；

⑩作业点的噪声超过90分贝时应采取消音或其他降噪防护措施。

(2)洞内空气成分及含尘量应每周取样检测，次数1次。

(3)洞内施工期间通风应专人管理，保证足够的送风量和适宜的风速。

①送风量：每人每分钟供给新鲜空气1.5～3.0m³；柴油机械及车辆应按每马力每分钟供给新鲜空气3.0m³。

②工作面附近的最小风速不小于0.15m/s；工作面附近的最大风速在隧道、竖井、斜井处不大于4m/s，运输段、通风洞应不大于6m/s，升降应不大于8m/s。

(4)确保洞内送风设施的安好程度和安全状态。

(5)优选湿式凿岩机和减尘作业工艺进行隧道掘进施工，严禁打干眼。

九、洞内照明、排水及防火交底内容

(1)隧道内的照明灯光应保证亮度充足、均匀、不闪烁。

(2)洞内供电线路必须使用密闭型防水绝缘电缆，并按规定用瓷瓶悬挂牢固，不能将导线挂在铁钉或其他金属件上，严禁将供电缆拖放在地上。

(3)隧道各部照明应按规定供电，不能擅自提高电压级别。

(4)在潮湿及渗水隧道中的照明应使用防水道具。

(5)采取有效措施控制地下水位，及时排除洞内积水。

(6)掘进中如预计要穿过涌水地层，应立即按照超前钻孔方法探明含水层情况，及时制订防治措施。

(7)掘进工作面有大量涌水时，应立即停止作业撤至安全地点，排除险情后方能继续作业。

(8)建立防火体制，明确消防责任，落实消防措施，严防火灾事故。

①对火源及可燃物应严格管理。

②洞内配备数量足够的消防器材，并定期检查、补充、更换。

③组织义务消防队。

十、瓦斯防治交底内容

(1)洞内发现瓦斯时应立即采取防治措施，严防超限和燃爆。

①加强通风，降低空气中瓦斯含量，防止瓦斯积存超限。

②断绝一切可能引燃瓦斯的高温和火源。

③加强瓦斯检测工作。当瓦斯严重超限时，应立即将施工人员撤离至安全地方。

(2)隧道中严禁使用有火焰的灯照明。

①任何人进入隧道都必须接受防火安全检查，严禁将火柴、打火机及其他可自燃的物品带入洞内。

②使用安全照明灯具。

(3)作业过程中，各作业点风流中的瓦斯浓度不得超标。否则应停止作业。

①进工作面瓦斯浓度过到1%时，必须停止电动凿岩机作业；达到1.5%时，必须停止掘进作业并撤离现场，切断电源等待处理；局部瓦斯浓度达到2%时，其附近20m范围内都必须停止作业切断电源。

②放炮地点附近 20m 范围内瓦斯浓度 1%时，严禁装药放炮。

③电动机附近 20m 范围内斯浓度达到 1.5%时，必须切断电源，停止运转。

(4)瓦斯浓度超限而切断电源的电气设备，必须在瓦斯浓度降低到 1%以下时方可复电启动。

(5)在瓦斯隧道中，爆破作业应采取安全措施，以防诱发瓦斯燃爆事故。

①严禁采用火花起爆破和裸露爆破。

②电力起爆时，宜使用电发雷管，若采用毫秒级雷管时，其总的延期时间不能超过 130ms，严禁使用秒或半秒延期电雷管。

③使用煤矿安全炸药。

④放炮点附近 20m 范围以内瓦斯浓度达到 1%时严禁装药放炮。

(6)隧道中使用的机具如电瓶车、通风机、电话机、放炮器等必须采用防爆型。

(7)瓦斯隧道中应采用湿式凿岩、装渣工艺，作业中使用的铁锤必须镶嵌含铜合金。

(8)瓦斯隧道内的电气设备装设、检修及线路敷设必须采取防止产生电气火花的工艺。

(9)瓦斯隧道内，每个洞必须配设专职瓦斯检测员，按规定时限进行检测和记录，一般情况每小时检测一次，并做好记录；瓦斯检测器应每季度校核一次。

(10)瓦斯隧道内，严禁一切可能导致高温和火花的作业。

(11)瓦斯隧道的通风设备必须采用吹入式，通风机停止运转后，洞内施工人必须立即撤至洞外。

(12)瓦斯隧道施工期间必须配备必要的急救、抢救设备及医疗救护人员，施工人员必须具有防治爆炸方面的安全生产知识和作业技能。

十一、二次衬砌和洞内路面施工安全交底内容

隧道二衬和洞内路面施工已经进入隧道施工尾声，隧道施工的高危险阶段已经过去。二衬和路面虽然不属于高危作业，但仍然应加强安全管理。

(1)二衬施工时仍然应加强围岩监测。监测内容有：台车、胎模的固定情况、拱顶下沉情况、围岩收敛情况。

(2)二衬和路面施工用电应遵守安全用电规程。

(3)二衬和路面施工的洞内通风仍然不能忽视。

(4)隧道一个整环的二次衬砌，可分为仰拱部位的二衬和边顶拱二衬。个别特殊地段的隧道，没有仰拱结构，但在隧道底部同样有二衬。隧道不同部位的二衬施工方法基本上大同小异，只是在施工顺序上有先有后，从安全角度考虑应尽快封闭成环。

(5)隧道净空高度大约为 9.0m，边顶拱二衬施工需要有专门液压台车。使用液压台车进行二衬施工时应加强台车的稳定性监测。

(6)隧道的二衬施工应安排在初期支护完成以后，停置一段时间再进行，待初支基本稳定，洞身收敛已经基本完成后再进行二衬比较有利，可以避免洞身收敛给二衬带来的附加应力，消除附加应力对洞身的破坏。